DE L'ÉTABLISSEMENT

D'UN

ENTREPOT MUNICIPAL

A ARRAS

SIMPLE EXPOSÉ DE LA QUESTION

Par

ERNEST DEUSY

Avocat, Membre du Conseil Municipal d'Arras

ARRAS

1867

DE L'ÉTABLISSEMENT

D'UN ENTREPOT MUNICIPAL A ARRAS

SIMPLE EXPOSÉ DE LA QUESTION

V

TABLE

—

DE L'ÉTABLISSEMENT

D'UN

ENTREPOT MUNICIPAL

A ARRAS

SIMPLE EXPOSÉ DE LA QUESTION

Par

ERNEST DEUSY

Avocat, Membre du Conseil Municipal d'Arras

─────※─────

ARRAS

1867

DE L'ÉTABLISSEMENT

D'UN ENTREPOT MUNICIPAL

A ARRAS

SIMPLE EXPOSÉ DE LA QUESTION

Depuis 1860, les fabricants de sucre et les négociants de la ville et de l'arrondissement d'Arras réclament avec une persistante énergie l'établissement d'un entrepôt municipal.

Après trois années d'études et de discussions, souvent brillantes et toujours sérieuses, le Conseil municipal, adoptant les conclusions du Rapport présenté au nom d'une Commission composée des négociants les plus expérimentés et à la fois les plus prudents de la ville [1], a, ainsi que le constate le procès-verbal du 8 février 1864, reconnu *que les intérêts du commerce d'Arras exigeaient impérieusement l'établissement immédiat d'un entrepôt municipal et décidé à une imposante majorité :*

« Que les sommes nécessaires pour l'achat des terrains, la
« construction des magasins et l'établissement du chemin de
« fer de raccordement seraient prélevés, jusqu'à due concur-

---

[1] MM. Fagniez aîné, Maurice Colin, Hyacinthe Perrin.

« rence, sur l'emprunt de 400,000 fr. *qui devait être contracté* [2]
« et que, vu l'urgence, toutes diligences seraient faites pour
« que l'entrepôt soit mis en activité le plus promptement pos-
« sible [3] ».

Cette délibération, confirmée par quatre autres décisions [4],
a reçu, avant les élections de 1865, un commencement d'exécution; l'enquête de *commodo vel incommodo* a eu lieu, et on n'a
trouvé à Arras aucun opposant ; les terrains, désignés par le
Conseil, ont été provisoirement achetés, et ces acquisitions ont
été approuvées par le Conseil ; enfin, le tracé du chemin de
fer de raccordement a été définitivement arrêté de concert avec
la Compagnie du Nord.

[2] Cet emprunt a été réalisé, et le fait a été annoncé au Conseil le 17 mai suivant.

[3] Voici les conclusions du rapport :

Premièrement, poursuivre l'autorisation d'établir un magasin général avec faculté d'y entreposer les denrées et marchandises soumises aux droits de régie et d'octroi.

Deuxièmement, voter le règlement et le tarif de l'entrepôt y annexé.

Troisièmement, autoriser M. le Maire à acheter un terrain de 1 h. 17 c. et s'engager à payer la somme nécessaire à cette acquisition.

Quatrièmement, voter 70,000 fr. pour la construction des bâtiments qui doivent être établis dans le genre de ceux de Valenciennes.

Cinquièmement, demander la concession du chemin de fer de l'entrepôt et voter 8,000 fr. pour son établissement.

Sixièmement, *voter 15,000 fr. en recette à inscrire au chapitre additionnel de 1864 comme produit présumé de revenu et de frais de manutention.*

Septièmement, voter en dépense 10,000 fr. pour appointements des employés.

Huitièmement, décider que la somme nécessaire pour les dépenses d'entrepôt serait prélevée sur l'emprunt de 400,000 fr. sollicité suivant délibération du 12 février 1863.

Ces conclusions qui prévoyaient tout et qui avaient été votées à l'*unanimité* par les membres de la commission, *ont été adoptées par le Conseil municipal,* dans la séance du 8 février 1864.

[4] 17 mai 1864, les plans et devis présentés au Conseil sont renvoyés à la Commission. — 10 août 1864, M. le Maire est autorisé à poursuivre l'expropriation des terrains. — 6 février 1865, les acquisitions de terrains faites à l'amiable sont approuvées. — 6 mai 1865, avis sur le résultat de l'enquête. Une seule observation, relative exclusivement à l'emplacement, avait été produite par un négociant qui, faute de mieux, et malgré tout, demandait l'entrepôt. Le Conseil persiste dans ses précédentes délibérations et repousse l'observation.

Tout était ainsi résolu, jugé, consommé !

Nous sommes en 1867, et tout est remis en question. Non-seulement l'entrepôt n'est pas construit, mais on en est réduit à se demander et on se demande s'il se construira !

Disons-le de suite, ne fût-ce que pour rassurer l'opinion publique, le nouveau Conseil n'est pas hostile à l'établissement d'un entrepôt municipal. Il nous paraît même avoir affirmé sa volonté par deux votes qui ont leur signification [5].

On lui a proposé fort nettement de laisser à l'industrie privée le soin de créer des magasins généraux, où, en d'autres termes, d'enterrer l'entrepôt municipal ; mais, non moins nettement, il a rejeté la proposition à la majorité de 16 voix contre 6, si nous avons bonne mémoire [6].

Un membre a prétendu alors qu'il avait été impossible de trouver un emplacement convenable pour l'établissement des magasins, et a proposé de nommer une Commission qui serait chargée *uniquement* et *spécialement* de rechercher, s'il était possible de rencontrer cet emplacement.

Cette proposition a été suivie de deux autres qui tendaient : l'une, à l'agrandissement préalable de l'enceinte de la ville ; l'autre, au renvoi pur et simple de la question à une Commission.

C'était renvoyer l'établissement de l'entrepôt aux calendes grecques. — Ces propositions n'ont pas été appuyées.

Mais, dans son exposé [7], M. le Maire ayant lu deux lettres, émanées du Ministre du commerce, qui contenaient des ob-

[5] Séance du 25 août 1866.

[6] Il y a eu 4 abstentions. Un membre était absent.

[7] L'exposé de M. le Maire a été aussi complet, aussi impartial que possible ; le Conseil municipal n'a pas eu à voter et n'a pas voté les yeux fermés. Il connaissait la question beaucoup mieux que certaines personnes qui n'en savent pas le premier mot et qui n'en parlent que pour l'étouffer.

jections [8]. et mettaient le Conseil en demeure de s'expliquer clairement, un membre, pour couper court à toute équivoque, a proposé de décider : 1° que la ville établirait, *à ses frais,*

Séance du 2 août 1865.

MINISTÈRE DE L'INTÉRIEUR.   5 juillet 1865.

Monsieur le Préfet,

M. le Ministre de l'agriculture vient de me communiquer les pièces relatives au projet d'établissement et d'exploitation d'un magasin général et d'une salle de ventes publiques dans la ville d'Arras. En même temps mon collègue me consulte sur l'acquisition des terrains dont l'emplacement est nécessaire et sur les ressources applicables à la dépense.

Aux termes d'une délibération du 12 février 1863, elle devait être acquittée à l'aide d'un prélèvement sur un emprunt de 400,000 fr. que la ville demandait alors à contracter.

Une loi du 9 mars 1864 a, il est vrai, autorisé la ville d'Arras à emprunter 400,000 francs, mais cette somme était destinée à l'agrandissement de l'hôtel de ville ainsi qu'à l'élargissement d'une rue et d'une place. Il importe donc que vous me donniez, en ce qui concerne les voies et moyens de réalisation du projet actuel, des explications précises qui me permettent de répondre en pleine connaissance de cause à la communication de mon collègue.

D'un autre côté, j'appelle toute votre attention, et je désire que vous vous prononciez plus explicitement sur la question de savoir s'il convient d'autoriser la ville à se charger de la création de l'établissement projeté. Il ne s'agit pas, en effet, dans l'espèce, de pourvoir à un service communal, mais de faciliter aux commerçants l'écoulement de leurs marchandises, et on ne voit pas dès lors les motifs qu'elle aurait de s'exposer aux risques d'une semblable entreprise au lieu d'en laisser l'initiative soit à la Chambre de commerce, soit à la spéculation privée.

Agréez, etc.

Arras, 20 décembre 1864.

Monsieur le Maire

J'ai transmis, le 20 novembre dernier, à M. le Ministre de l'agriculture, etc., les diverses pièces qui accompagnaient votre lettre du 25 du même mois au sujet de la demande du Conseil municipal d'Arras dans le but d'obtenir en cette ville la création d'un entrepôt réel. J'ai l'honneur de vous adresser ci-après les nouvelles observations auxquelles ce projet a donné lieu de la part de Son Excellence.

Monsieur le Préfet. J'ai reçu les divers documents que vous m'avez adressés le 29 novembre dernier, relativement à une demande formée par le Conseil municipal de la ville d'Arras, dans le but d'obtenir dans cette ville la création d'un entrepôt réel. Il m'a paru résulter de cette commentation qu'il s'agit de créer à Arras, non un entrepôt, mais un magasin général, avec faculté de recevoir en entrepôt fictif des marchandises et produits nationaux soumis à des taxes d'octroi ou à des impôts de consommation intérieure. En l'état, il y aurait lieu de faire procéder à l'instruction un entrepôt réel de douanes (qui permettrait d'obtenir l'entrepôt fictif) et des magasins généraux avec salles de ventes publiques de marchandises en gros ; 2° qu'au besoin, l'exploitation de ces établissements pourrait être concédée à une Compagnie ; 3° qu'une Commission serait nommée pour examiner d'urgence ces propositions et indiquer les voies et moyens.

C'est dans ces conditions, si nous ne nous trompons pas, que le renvoi a été prononcé et qu'une Commission a été nommée [9].

Cette Commission n'est pas restée inactive. Mais des objections ont été soulevées devant elle. On a prétendu que l'*agitation qui se faisait autour de la question* était factice ; que l'entrepôt n'était réclamé que par quelques intéressés ; que bien des fabricants de sucre n'avaient signé les pétitions que par complaisance, et que *pas un des signataires ne consentirait à entreposer à Arras ;* que, dans tous les cas, l'immense majorité

prescrite pour les demandes de ce genre en exécution du décret réglementaire du 12 mars 1859 et conformément à la circulaire du 12 avril suivant. Il faut, avant tout, que la ville puisse disposer, soit à titre de location à long temps, soit à titre de propriétaire du terrain qu'elle propose pour l'établissement des magasins. Or, il ressort des pièces, que la ville a choisi un emplacement, mais que le propriétaire n'ayant pas voulu accepter ses propositions, elle voudrait recourir à l'expropriation pour cause d'utilité publique.

A cet égard je dois vous faire observer, M. le Préfet, que les magasins généraux, tout en étant des entreprises utiles au développement du commerce et de l'industrie, ne sont pas cependant de nature à motiver l'emploi des dispositions exceptionnelles de la loi du 3 mai 1841.

J'estime donc que la ville doit renoncer à la voie dans laquelle elle est entrée ; qu'elle s'assure à l'amiable l'établissement d'un terrain convenable et bien placé, et si sa demande rencontre dans l'instruction à laquelle elle devra être soumise, ainsi qu'il a été dit plus haut, un accueil favorable, mon département, après avoir consulté le Ministre de l'intérieur, y fera donner avec empressement la suite nécessaire.

Il n'y a donc pas là un refus d'autorisation, mais simplement une demande d'explications.

[9] Elle se compose de MM. Lecesne, Deusy, Raffeneau de Lile, Sens, Roguin et Dehée-Braine.

des habitants d'Arras ne voulait pas d'entrepôt, parce qu'elle comprenait qu'en cette occurrence les intérêts du commerce étaient en opposition flagrante avec les intérêts de la ville; qu'il était impossible de concilier ces deux intérêts, et qu'il serait souverainement injuste de faire supporter par tous les habitants une dépense qui ne pouvait profiter qu'à certains individus. Arras, a-t-on ajouté, n'est pas une ville d'entrepôt; elle ne vit que par le petit commerce, *la boutique*, le détail et le marché. Avant de lancer la ville dans les aventures, il faut la consulter, et consulter aussi les fabricants et les industriels.

Et l'enquête a été ordonnée [10].

La question est donc posée devant l'opinion publique, qui va décider de la vie ou de la mort d'Arras.

Qu'on nous permette de l'examiner. — S'il y a une question dans laquelle il soit nécessaire de voir clair, n'est-ce pas celle-là? — Et, quelle que soit la gravité des événements qui s'accomplissent ou qui se préparent, ne pouvons-nous pas espérer qu'il y aura dans les préoccupations des hommes qui aiment leur pays assez de place pour leur permettre de l'étudier avec nous. Je défends l'Industrie, le Commerce, l'Agriculture, en défendant Arras; je défends aussi cette jeunesse qui cherche le chemin de l'avenir : c'est sous leur protection à tous que je mets mes efforts.

Et d'abord, est-ce une utopie, est-ce seulement une nouveauté que l'entrepôt?

On est par fois bien oublieux en France !

L'institution des entrepôts a une origine exclusivement fran-

---

10 Elle sera faite par tous les membres de la Commission et tous ceux qui se présenteront seront entendus. *Nous espérons que les fabricants et les négociants répondront à l'appel de la Ccommission. Le sort de l'entrepôt dépend du résultat de l'enquête.*

çaise. Ce fut Colbert qui eut, le premier, l'idée d'établir des magasins qui prirent le nom d'entrepôts. Dès l'année 1664, et par diverses ordonnances, il crée et règlemente des entrepôts dans dix villes : à Rouen, à Amiens, à Troyes, à La Rochelle, au Hâvre, à Dieppe, à Abbeville, à Colmar, et, quelque temps après, à Lyon et à Strasbourg. On sait quelle a été et quelle est leur prospérité.

Ces entrepôts n'étaient ouverts qu'aux produits nationaux, et avaient exclusivement pour but de faciliter leur exportation. Les marchandises qui y étaient consignées ne payaient aucun droit et sortaient en franchise du royaume. Le grand ministre, en laissant de côté les marchandises et les produits *aubains*, donnait aux fabricants *régnicoles* la possibilité de lutter avec avantage contre l'étranger.

L'idée était grande et belle, mais incomplète. Bientôt l'Angleterre, la Hollande, et après elles les villes Anséatiques et les États-Unis d'Amérique s'en emparent, la développent, l'organisent prudemment, lentement, n'avançant d'une ligne qu'après avoir assuré leur conquête sur la ligne qu'ils laissent derrière eux ; et, avec ce génie pratique, qui est leur force, ils en font jaillir un admirable instrument de négoce et de crédit.

Veut-on savoir ce que les Anglais, notamment, en ont fait ?

Frappés des avantages que l'institution de Colbert valait au commerce Français, les Anglais commencent par créer des entrepôts, nommés docks, qu'ils n'ouvrent, d'abord, qu'aux marchandises provenant des Indes occidentales, ou y allant. Ce système donne tant d'impulsion aux affaires et diminue dans des proportions si considérables les frais d'emmagasinage, de garde et de manutention [11], que les docks se multiplient comme par enchantement et qu'on y admet bientôt toutes les

---

[11] Les Anglais et les Hollandais ne les évaluent pas à moins de 18 p. 100.

marchandises sans distinction de provenance, excepté certaines espèces réputées dangereuses.

Le gouvernement anglais n'a nul besoin d'encourager l'institution, il y reste même complétement étranger, et tout individu peut ouvrir des docks, sans autorisation et sans contrôle.[12]

A l'origine, les exploitants de ces docks ne délivraient aux déposants qu'un simple *récépissé*. On eût bientôt l'idée de surexciter les ventes et d'attirer les capitaux à l'aide de ce récépissé. On fit si bien, qu'il représenta les marchandises entreposées et tint pour ainsi dire leur place. On avait trouvé le moyen de vendre et d'engager la marchandise sans la déplacer, et, en donnant toute garantie à l'acheteur aussi bien qu'au prêteur !

Voici comment :

Au lieu d'un titre, les administrateurs des docks en délivrèrent deux : un récépissé descriptif de la marchandise, qu'on appela *warrant*, créé au nom du déposant et à son ordre, et un certificat de dépôt, nommé *weight-note*, constatant le poids et la qualité de la marchandise.

Le warrant et le weight-note constituent le titre de propriété de la marchandise entreposée. Les administrateurs des docks n'en peuvent admettre d'autres, à peine d'engager leur responsabilité et *dans aucun cas*, *sous aucun prétexte*, la marchandise ne peut sortir que sur la présentation simultanée de ces deux pièces.

Ces bases trouvées, le mécanisme de l'institution va devenir des plus simples.

Le propriétaire de la marchandise entreposée veut-il la vendre au comptant ? il remet le warrant et le weight-note à l'ache-

---

[12] C'est un danger, pour ne pas dire un abus, que le législateur français a su très-sagement éviter.

teur avec endos en blanc ou nominatif. La marchandise est, par ce moyen, vendue, livrée et acceptée, sans autre formalité et sans qu'il soit besoin de la déplacer. Le warrant et le weight-note, peuvent ainsi circuler, indéfiniment, comme de la monnaie, et la transmission de ces deux titres vaut toujours transmission pure et simple de la marchandise qu'ils représentent.

Ne peut-il, au contraire, la vendre qu'à terme, ou partie au comptant et solde à terme ? le vendeur ne remet à l'acheteur que le *weight-note* en constatant sur cette pièce le délai accordé pour le paiement, le montant de la somme versée à compte et de la somme qui reste due. Quant au warrant, le vendeur le dépose chez un courtier banquier [13], qui lui ouvre un *compte-courant*, ou qui lui remet immédiatement, s'il le désire, *les trois quarts* de ce qui reste dû sur la marchandise. Dès ce moment, la vente est parfaite vis-à-vis du vendeur, sauf un solde pour lequel il est crédité chez le courtier. L'acheteur a toujours la faculté de retirer le warrant en payant le prix, et devenu ainsi porteur des deux titres, il peut obtenir la remise des marchandises.

Jusqu'au paiement intégral et retirement du warrant, le weight-note ne donne à l'acheteur que le droit de faire échantillonner la marchandise et de la vendre.

Si le délai accordé expire sans que l'acheteur ou le courtier soit payé, la marchandise est vendue aux enchères, aux frais et risques du débiteur, sans mise en demeure et sans formalité de justice.

Le propriétaire de la marchandise entreposée veut-il enfin se procurer de l'argent sans vendre ? rien de plus facile. Il dépose le *warrant* chez un banquier qui lui ouvre un compte-courant jusqu'à concurrence des trois quarts de la valeur des

---

[13] Le nom du courtier-banquier doit figurer sur le weight note.

marchandises [14], et il garde le *weight-note* qui porte mention de l'avance faite par le banquier. De cette façon, le propriétaire garde la libre disposition de la marchandise qu'il *peut vendre quand et comme il lui plaît*, à la charge seulement de rembourser les avances [15].

Si le banquier n'est pas payé à l'échéance il peut, faire vendre et se rembourser sans frais, sans formalité, sans mise en demeure et par conséquent sans retard, sur le prix de la marchandise. N'est-ce pas le mode de crédit le plus simple, le plus facile et le moins onéreux ?

Le warrant n'est presque jamais affecté à servir de gage. Le plus souvent même le propriétaire de la marchandise entreposée n'emprunte pas, ne vend pas de gré à gré, il laisse ses marchandises dans le dock qui les garde et les soigne à peu de frais, il attend le moment favorable qu'il peut toujours saisir, et il vend aux enchères publiques, comme il lui convient en gros ou par lots. Ces ventes ont lieu à jours fixes et invariables pour chaque espèce de marchandises et se renouvellent plusieurs fois par mois. Elles portent sur des quantités si considérables et attirent tant de monde que le vendeur est toujours certain de trouver amateur et l'acheteur de trouver le produit et la qualité qu'il cherche [16]. C'est le mode de vente le plus usité en Angleterre et en réalité le plus profitable aux acheteurs, aux vendeurs et aux consommateurs.

---

[14] Le banquier se trouve ainsi saisi de la marchandise et le warrant lui offre une garantie si sérieuse qu'il peut faire les avances à des conditions exceptionnelles. Tout le monde sait que l'intérêt d'un capital comprend le loyer de l'argent et l'assurance contre la perte. Lorsque la chance de perte est nulle, l'intérêt est modéré parce que l'assurance est inutile. C'est ce qui a lieu pour l'avance sur warrant.

[15] Comme on le voit cette opération ne ressemble en rien au contrat de gage qui fait toujours perdre à l'emprunteur la disposition et la possession de la chose engagée.

[16] Par ce moyen les négociants et fabricants anglais peuvent vendre à tout moment, écouler leurs produits facilement, et se procurer des capitaux quand ils en ont besoin.

Ce système fonctionne en Angleterre depuis 1799, mais surtout depuis 1828.

Tous les économistes, tous les hommes d'État sont aujourd'hui d'accord pour reconnaître que c'est à cette institution, aux docks, aux warrants, aux ventes publiques de marchandises en gros, que les Américains doivent cette suprématie commerciale qui fait notre envie ; la Hollande et les villes Anséatiques, leur étonnante prospérité ; et l'Angleterre, le marché du monde.

Rien qu'à Londres, il y a, *six grands docks* ou *magasins publics* [17], *cinq legal quays* qui jouissent de la faculté d'entrepôt, quatre-vingt-douze *sufferance wharves* privilégiés et soixante-quatre magasins publics réservés exclusivement aux marchandises entrées en franchise. Tous ces établissements délivrent des warrants négociables.

La valeur des marchandises entreposées à Londres et vendues par warrants est énorme. Les derniers bulletins de 1865 l'évaluent, pour les grands docks, à 1 milliard 760 millions de francs ; pour les legal quays, à 280 millions ; pour les magasins publics, à 160 millions, et pour les sufferance wharves, à 75 millions. C'est donc un total de 2 milliards 275 millions de marchandises entreposées à Londres seulement, et vendues après avoir procuré aux Anglais, à un taux exceptionnellement bas, des avances de fonds qui se sont élevées, en moyenne, aux deux tiers de la valeur des marchandises warrantées, c'est-à-dire à 1 milliard 516 millions.

Et Londres n'est pas la seule ville d'Angleterre où fonctionnent les docks.

Aussi est-il acquis pour tout Anglais que les docks font la puissance de l'Angleterre et lui assurent pour longtemps une prospérité exceptionnelle.

[17] *Le West-India dock, l'East-India dock, le Victoria dock, le Surrey dock, le Commercial dock et le Catherine dock.*

Les Hollandais, ces négociants si pratiques et si sages, ne pensent pas autrement. Ils vous montrent les docks d'Amsterdam et de Rotterdam, et vous disent que le fabricant qui a recours aux warrants et aux ventes publiques, *peut payer la main-d'œuvre de ses ouvriers plus cher qu'en France, écouler ses produits à un prix moins élevé que le Français, et obtenir des bénéfices plus considérables que lui*, « parce que les docks, « les warrants et les ventes publiques augmentent la consom- « mation en diminuant le prix des denrées, étendent le crédit, « du fabricant et quintuplent sa puissance financière en abré- « geant le chômage des capitaux ». C'est un axiôme pour eux, et, ajoutons-le de suite, pour tous les Français qui ont étudié l'institution des entrepôts et qui l'ont vue fonctionner; et ceux-là sont déjà plus nombreux qu'on ne pense.

Les lois du 28 mai 1858 sur les magasins généraux et les ventes publiques de marchandises en gros, les rapports, si complets, qui les accompagnaient, et les écrits si remarquables de Maurice Block, de Damaschino et d'Alix Sauzeau, n'ont pas peu contribué à ce résultat. Ces lois, en abaissant toutes les barrières, en facilitant la création des entrepôts, ont fait connaître et réellement introduit en France [18] le système commercial dont le warrant est l'expression.

Sous l'empire de ces lois et l'impulsion du gouvernement, l'institution a pris racine en France et s'est développée avec une force et une grandeur qu'on ne peut contester. Et ce n'est plus seulement à l'étranger que nous devons aller chercher des exemples, c'est chez nous, c'est à nos portes, c'est à Douai, à Amiens, que nous pouvons juger de l'arbre par ses fruits.

Il n'y a pas neuf ans que les lois de 1858 ont été promulguées, et déjà la France compte quarante-quatre docks ou

[18] La législation de 1848 qui a rendu d'immenses services était fort imparfaite.

magasins généraux, et quinze salles de ventes publiques de marchandises en gros[19]. Peut-être ne sera-t-il pas inutile de faire connaître le nom des villes privilégiées qui ont obtenu du gouvernement l'autorisation d'établir des docks et qui ont pu déjà en apprécier les avantages[20].

Villes qui possèdent plusieurs docks ou magasins généraux avec salles de ventes publiques de marchandises en gros :

Rouen, *Douai*, Marseille, Nantes, chacune DEUX magasins généraux ;

Le Hâvre, Lyon, chacune trois magasins généraux ;

Paris, huit magasins généraux et trois salles de ventes.

Villes qui ne possèdent qu'un magasin général chacune et une salle de ventes :

Avignon, *Amiens*, Bordeaux, Colmar, *Cambrai*, *Dunkerque*, *Lille*[21], Mulhouse, *Saint-Quentin*, Rennes, Dieppe, Caen, Dôle, Honfleur, Metz, Strasbourg, Orléans, Toulouse, Nîmes, Saint-Étienne, Épinal, Ivry (Seine) et *Valenciennes*.

Et quelle est la situation de ces magasins généraux? Il est important de la connaître pour avoir une idée de l'avenir qui leur est réservé et de la prospérité qu'ils amènent avec eux.

Prenons AMIENS et DOUAI. On pourra ainsi vérifier plus facilement la réalité de nos assertions.

L'entrepôt des sucres a été concédé à la ville d'Amiens par décret du 29 août 1863. La ville a transmis cette concession, en les substituant à elle pour tous ses droits comme pour toutes

---

[19] Neuf villes, si nous sommes bien informé, sollicitent l'autorisation d'établir des magasins généraux. Béthune est, dit-on, du nombre.

[20] Nous ne mentionnons pas les villes qui n'ont que des entrepôts réels.

[21] On a pu lire, dans les journaux, qu'il vient de se former, à Lille, une société au capital de 1,000,000, pour créer de nouveaux magasins généraux.

ses obligations, à MM. Wayïsse, vicomte de Rainneville, ancien conseiller d'État ; de Commines de Marsilly, ingénieur au corps impérial des mines ; Vuigner, ingénieur en chef, conseil de la Compagnie des chemins de fer de l'Est, administrateur des entrepôts de La Villette ; Cosserat, député au Corps législatif, et Duflos, président du tribunal de commerce et membre du Conseil général de la Somme [22], qui sont devenus également concessionnaires des magasins généraux [23], et ont fondé une Société anonyme pour l'exploitation des établissements concédés.

Cette Société fonctionne depuis le 27 novembre 1865 seulement. Dès le 15 octobre dernier, après dix mois et demi d'exercice, les entrées de marchandises s'élevaient au total à 1,422,402 kilog. ; les sorties, à 797,144 kilog., et la Banque de France avait avancé, *en deux mois*, plus de 900,000 fr. rien que sur warrants, laine et fil, si bien qu'on va créer de nouveaux docks ; les premiers sont déjà insuffisants [23 bis].

Le magasin général, nous disait un des hommes intelligents qui ont contribué à le fonder, est un vase rempli d'eau sur un feu ardent ; il faut que l'eau entre en ébullition. Le mouvement des marchandises a atteint, en effet, dans la morte saison, et malgré les circonstances douloureuses que la ville d'Amiens a traversées, du 16 au 30 septembre 1866, 172,729 kilog., et du 1er au 15 octobre, 118,170 kilog.

Et Douai, cette ville morte, que nous avons tous connue, ne savons-nous pas qu'elle doit sa vie commerciale et sa prospérité à ses magasins généraux ? Est-il permis d'ignorer que

[22] Tous hommes qui n'ont pas cru se lancer dans une *aventure*, et qui, en se mettant à la tête de cette entreprise, et en lui apportant l'appui de leur nom et de leur position, ont rendu à la ville d'Amiens un service dont elle gardera le souvenir.

[23] La ville d'Amiens est en instance pour obtenir un entrepôt réel de douanes qu'elle doit céder à la compagnie comme elle a cédé l'entrepôt des sucres.

[23 bis]. Et il n'y a ni sucres, ni huiles, ni houilles, ni tourteaux, ni blés à Amiens,

ses docks, qu'on trouvait si grands à l'origine, ont dû être depuis plus que doublés, et que, aujourd'hui encore, ils sont devenus insuffisants.

Le *Moniteur universel* du 24 août 1866 s'est chargé de nous apprendre quel avait été le mouvement de l'entrepôt de Douai, mais *pour les sucres seulement*, depuis le commencement de la campagne 1865-1866 jusqu'au 6 juillet dernier.

Voici les chiffres qu'il nous fournit : qu'on nous permette de les citer ; ils sont concluants :

Reprises au commencement de la campagne. . . . . 1,135,596 kil.
Quantités reconnues à l'arrivée. . . 15,336,204 »
Boni de magasin. . . . . 1,075 »
Total. . . . . 16,372,875 kil.

Fin juillet, il restait 2,316,386 kilog. en magasin, et *l'entrepôt*, dit-on, avait rapporté à la ville 72,000 *fr. de bénéfices nets dans l'année*. C'est une réponse aux ennemis de l'institution, et ce n'est pas la seule [24].

Douai, disait-on, entre autres choses, sera *tué* par Lille. Les deux entrepôts ne peuvent vivre concurremment. Or, savez-vous ce qui est arrivé? C'est que Douai, plus rapproché de Paris et du Hàvre, tue Lille, comme Arras tuera Douai [25].

En voici la preuve, que nous extrayons du *Moniteur* [26] :

LILLE, campagne 1865-1866 :

Reprises . . . . 2,048,604 kil.
Quantités reconnues à l'arrivée . . . 9,732,465 »
Boni . . . . 275 »
Total. . . . . 11,781,344 kil.

---

[24] L'établissement de l'entrepôt et des magasins généraux a rencontré à Douai les mêmes obstacles qu'il rencontre aujourd'hui à Arras.

[25] Amiens est en dehors du mouvement commercial du Pas-de-Calais et du Nord, et dans des conditions tout à fait spéciales. Arras n'a rien à redouter de ce côté.

[26] 24 août 1866.

C'est une différence, en faveur de Douai, de 4,591,534 kilog. sur le mouvement général, et de 5,603,739 kilog. sur les quantités reconnues à l'arrivée. Ces chiffres n'ont pas besoin de commentaires [27].

Ce n'est pas tout.

La ville de Douai, qui redoute la concurrence d'Arras, met, autant qu'elle le peut, la lumière sous le boisseau. En parlant des bénéfices nets de son entrepôt et du chiffre de 72,000 fr., nous avons dû émettre un doute, car nous avons la conviction que ce chiffre a été dépassé.

Les droits par 1,000 kilog. et par mois de 30 jours, sont :

Pour les sucres bruts, de   1 fr. 00 c. pour le magasinage.

                            1 fr. 00 c. pour la manutention.

Pour les raffinés . . . 1 fr. 50 c. pour le magasinage.

                            1 fr. 50 c. pour la manutention.

C'est un élément de bénéfice, mais il n'est pas le seul. Le sucre paie d'autres droits que ceux de magasinage et de manutention ; il paie le pesage d'entrée et de sortie, le pesage en magasin avec réarrimage de la marchandise, les comptages, les manutentions extraordinaires, les droits de bureaux, etc., etc.

Ce n'est pas tout encore ; nous n'avons jusqu'ici parlé que des sucres en entrepôt, mais il doit y avoir d'autres produits dans les magasins généraux de Douai comme dans tous les autres, les graines, les lins, les huiles, la librairie, les marbres, les papiers, la quincaillerie, les verres, les tissus, les fers, aciers, la porcelaine, les farines en sacs, les cotons, les alcools, l'argent non ouvré, les bois, la bougie, la bijouterie, les câbles,

---

[27] Le Pas-de-Calais a fabriqué en 1865-1866. . .   47,849,055 kil. de sucre.
Il a envoyé aux entrepôts réels, en France, mais en dehors du département.   28,713,298   —
A l'étranger   13,063,407   —
Qu'on juge par ces chiffres des bénéfices qu'aurait pu faire la ville d'Arras.

la cire, les dentelles, l'étain, etc., qui paient une foule de droits depuis le magasinage jusqu'à l'échantillonnage.

Enfin, il y a la salle des ventes publiques dont le prix de location est fixé suivant l'importance de la vente [28].

A la fin de l'exercice, c'est un beau denier pour la ville de Douai, et, comme on le voit, nous avons été modéré en ne parlant que de 72,000 fr.

Cela se passe non pas en Patagonie, voire en Angleterre ou en Hollande, mais à cinq lieues d'Arras.

Ainsi l'expérience est faite, et faite, nous avons le droit de le dire, dans des conditions à frapper les esprits sérieux. L'entrepôt n'est donc ni une utopie, ni une nouveauté, ni une aventure.

Pourquoi donc la ville d'Arras n'a-t-elle pas encore d'entrepôt, et pourquoi rencontre-t-on tant d'hésitation, de tâtonnements, et, tranchons le mot, de résistances ! Pourquoi ? parce qu'à Arras, comme naguère à Douai et à Amiens, l'intérêt personnel, la routine, les préjugés les plus opiniâtres en même temps que des craintes exagérées, sont là pour apporter des entraves aux meilleures entreprises.

Et cela n'a rien d'étonnant. Les quelques résistances que l'institution des magasins généraux a rencontrées à Arras se sont produites presque partout en France, où on n'est pas encore familiarisé avec le système nouveau introduit par les

---

[28] Nous n'avons pu nous procurer le tarif de location pour Douai, mais nous connaissons celui qui est adopté, en général, pour les autres entrepôts :

Par vente ne dépassant pas 5,000 fr. . . .	10 fr.
— de 5 à 10,000 fr.	20
— de 10 à 30,000 fr.	30
— de 30 à 50,000 fr.	50
— au-dessus de 50,000 fr.	60

On sait que les ventes publiques de marchandises en gros ne peuvent avoir lieu que dans les salles spéciales concédées et annexées aux magasins généraux, c'est encore là une source de bénéfices considérables.

2

lois de 1858. Les uns s'imaginent que nous sommes toujours
sous l'empire du décret de 1848 [29]; ils n'ont jamais lu les lois
de 1858, et disent que pas un fabricant ne voudra entreposer
ses produits, parce que la consignation est hérissée de difficultés, d'expertises, etc., etc. D'autres croient avoir tout dit,
quand ils ont parlé de tel magasin général concédé à une société véreuse qui n'a pu vivre, ou de l'entrepôt mort-né de
Clermont-Ferrand, qui ne s'ouvrait que pour les vins [30], et
crient qu'on veut ruiner la ville.., que d'ailleurs il n'y a pas
d'argent.

Y aurait-il donc dans le génie français, dans notre organi-
sation économique et commerciale, un vice qui a été et qu
sera toujours le générateur de nos fautes financières? S'agit-il
d'aventurer nos capitaux, de les envoyer à l'étranger qu'ils
vont enrichir, de les livrer par exemple à l'Italie, au Mexique,
d'où ils reviendront, Dieu sait comme et Dieu sait quand,

---

[29] Aux termes du décret du 21 mars 1848 : 1º on ne délivrait aux déposants
qu'un seul titre, un récépissé, pour servir à deux opérations, le transfert de la propriété et le nantissement. Une fois que le déposant avait emprunté, il ne pouvait
plus vendre.

2º En cas d'endossement pour transmission de la propriété des marchandises entreposées, l'inscription du transfert devait avoir lieu sur les registres même de l'entrepôt.

Il en résultait deux graves inconvénients : divulgation aux concurrents des con-
signataires de ses opérations et gêne dans la libre circulation du récépissé.

Enfin, sous l'empire de ce décret, le récépissé devait, dans tous les cas, men-
tionner la valeur vénale de la marchandise constatée au jour du dépôt, par une
expertise. Et l'expertise avait pour conséquence d'initier des tiers dans le secret des
affaires des dépôts. Elle entraînait des frais et retardait la délivrance des récépissés.
*Ces inconvénients, qui ont pendant dix années arrêté l'essor des magasins gé-
néraux, ont été écartés par la loi de 1858.*

[30] On n'importe presque pas de vins étrangers dans les pays vignobles, surtout
quand le vin du cru est mauvais. On en comprend la raison. N'en pouvant faire
argent, l'habitant est obligé de l'absorber. Il est advenu à Clermont ce qui devait
fatalement advenir; on n'a entreposé que des vins du cru qui ne valent quelquefois
pas le *fût* qui les enrobe, qui aigrissent, qui *boutent* et se décomposent de telle sorte
que bientôt ils n'ont plus assez de valeur pour couvrir les frais de magasinage, sou-
tirage, collage, etc., etc.

après nous avoir concilié comme chacun sait, ces sentiments...
de reconnaissance et d'admiration que nous pouvons apprécier tous les jours [31] ?.. S'agit-il de construire des monuments aussi inutiles que somptueux, l'argent ne manque jamais : sauf quelques... malavisés, tout le monde est d'accord. Mais surgit-il un projet d'une incontestable utilité, un système commercial qui doit faire sûrement notre richesse et nous fournir des armes contre nos rivaux, au lieu de leur en procurer contre nous, on fait le délicat, l'incrédule, le dédaigneux, le projet est inexécutable, insensé [32].

[31] Voici les emprunts étrangers admis à la négociation et couverts en France de 1852 à 1864 :

ITALIE	**1,400,000,000**
Mexique	200,000,000
Turquie (non compris la dette intérieure).	710,000,000
Rome	100,000,000
Espagne	81,000,000
Tunisie	40,000,000
Autriche	1,042,000,000
	4,250,000,000

Sociétés anonymes étrangères admises en France depuis 1852 :

4,345,555 actions représentant	2,172,777,500
et 5,345,299 actions à 500 fr. représentant un capital nominal de	2,672,649,500
Soit au total.	**9,095,427,000**

qui sont sortis de notre pays depuis 1852, et on s'étonne quand on entend dire qu'il n'y a plus d'argent pour les choses utiles ! Que la France aille emprunter à l'Angleterre, elle verra comment et à quel taux elle sera reçue. Avons-nous besoin de rappeler que l'Angleterre, la Hollande et les États-Unis n'ont voulu prêter à l'Italie, notamment, ni un homme, ni un shilling ? ils ont gardé leur argent, ils ont fait des docks, quadruplé leurs opérations commerciales depuis huit ans. Nous avons, nous, prêté à l'étranger plus de 9 milliards. Il y a ceci d'étrange en France, quand un Français veut emprunter, il faut qu'il paie à l'État un droit d'obligation, si l'emprunt est fait par acte authentique. L'étranger emporte notre argent sans payer *un centime* de droit.

[32] Les Américains appellent notre France *la vieille mère au chef branlant*. Auraient-ils raison ? Quand ils parlent de la France au point de vue du système fiduciaire et des procédés commerciaux, ils nous comparent à des chevaliers du moyen âge qui préfèrent le coche au chemin de fer et le postillon au télégraphe électrique. Ont-ils tout à fait tort ?

Mais ce n'est qu'une infime minorité qui raisonne ainsi à Arras. On y veut l'entrepôt, et l'*entrepôt municipal*, plus qu'on ne le voulait à Douai et à Amiens. Les commerçants, les industriels, les fabricants, comprennent que l'entrepôt, une fois construit, la prospérité ira en augmentant par la seule force des choses, et qu'il nous rendra avec usure ce que nous aurons dépensé pour le créer. Dans les pétitions qu'ils ne cessent d'adresser au Conseil municipal, ils affirment que c'est grâce aux entrepôts que s'enfle chaque jour ce flot qui emporte notre commerce, notre industrie, à Douai et dans les villes voisines. Ils affirment qu'Arras ne peut se défendre qu'avec un entrepôt municipal, que sa force, sa prospérité, son avenir et sa vie sont là.

Se trompent-ils ? Nous ne le pensons pas, et nous allons essayer de prouver que nous avons raison.

Avant de discuter, il est nécessaire de poser des principes et de bien définir les choses. Une définition erronée, la connaissance incomplète ou inexacte d'une chose ne peuvent conduire qu'à des utopies ou à des fautes.

Les magasins généraux sont une conséquence, une extension si on veut, de l'institution des entrepôts. Une ville qui possède à la fois un entrepôt réel, un entrepôt fictif, un magasin général avec faculté de warranter et de vendre publiquement les marchandises en gros [33], réalise l'idéal commercial des Anglais et des Hollandais. C'est ce que nous demandons pour Arras.

Nous aurons donc à examiner successivement les principes qui régissent les entrepôts et les magasins généraux, les ventes publiques et les warrants, les avantages de ces institutions et les voies et moyens pour arriver à en faire jouir la ville d'Arras.

[33] En langage commercial tout cela s'appelle un *magasin général ou dock soumis au régime de l'entrepôt réel et de l'entrepôt fictif.*

DES ENTREPOTS.

Les entrepôts, en général, sont des magasins dans lesquels les commerçants consignent les marchandises *d'origine étrangères et soumises aux droits de régie*, qu'ils veulent réexporter, mettre en transit ou ne livrer à la consommation qu'à un moment donné, lorsque la hausse arrivera ou que la fabrication les réclamera.

Il y a deux espèces principales d'entrepôts : les entrepôts réels et les entrepôts fictifs.

Les entrepôts réels sont des magasins publics placés sous la surveillance de la douane et des commerçants. Les marchandises qui y sont déposées sont sous la garde de l'administration des douanes, et ne peuvent en sortir sans l'autorisation de son agent, qui veille à la fermeture des magasins [34], et du délégué des commerçants, qui est chargé de l'entretien des entrepôts [35].

Les entrepôts réels *ne reçoivent que les marcdandises exotiques* ou *d'importation soumises à des droits de régie.* Ils ne peuvent s'établir que par un décret impérial et ne sont accordés *qu'aux villes.*

Les marchandises déposées n'ont à supporter qu'un droit d'emmagasinage, et elles jouissent *de la franchise des droits*

<hr>

[34] Le contrôleur aux entrepôts.
[35] Dispositions législatives qui régissent les entrepôts :
Décret du 22 août 1791. — Loi du 8 floréal an XI. — Lois des 9 et 27 février 1832. — Ordonnance du 9 janvier 1818. — Circulaires des 23 août 1821, 15 février 1822, 23 mai 1826, 1er mars 1833. — Loi du 17 juillet 1822 et décision administrative du 23 juillet 1839.

jusqu'au moment où elles sont livrées à la consommation. Si les entrepositaires les réexportent avant l'expiration du délai légal, elles sont exemptes des droits [36].

La douane est responsable de la perte et de l'avarie qui arrivent par la faute ou par le fait de ses agents. Les articles 1382 et 1983 du Code Napoléon leur sont applicables.

L'entrepôt fictif (par opposition à l'entrepôt réel qui s'effectue exclusivement dans des magasins publics) a lieu dans les magasins mêmes des propriétaires des marchandises. C'est la faculté donnée au commerçant de recevoir *dans ses magasins, sans payer de droits,* certains produits nationaux ou nationalisés *soumis à des droits d'octroi ou de consommation intérieure.* Les droits ne sont acquittés que lors de l'exercice sur les produits qui ne sont plus en magasin.

C'est un avantage immense pour le commerce ; *mais il n'est concédé qu'aux villes d'entrepôt réel* [37].

---

[36] La loi fixe à trois ans le maximum de la durée du dépôt des marchandises dans les entrepôts.

[37] Les lois du 7 décembre 1815, 27 juillet 1822 et 17 mai 1826, les ordonnances du 9 janvier 1828, le décret administratif du 7 novembre 1834 et la circulaire du 24 juillet 1836, ont déterminé les objets qui peuvent *être reçus en entrepôt fictif* et qui sont d'abord : les denrées coloniales françaises importées régulièrement par des navires français et jouissant d'une modération de droits, les sucres, bonbons, confitures, sirops, rhums, tafias, miels, mélasses, casses confites, cafés, cacaos, cotons, girofles, bois de teintures, les liqueurs de la Martinique, les muscades et macis du Sénégal et de la Guyane française, les cassia lignea, cannelles, gousses tinctoriales, piments, poivres, colles de poisson, potasses et rocous de la Guyane française, les grandes peaux brutes et sèches, dents d'éléphants, gommes pures, cires brunes, salsepareilles et follicules de séné du Sénégal.

Ensuite les *houilles* et tous les objets qui occasionneraient de l'encombrement dans les entrepôts réels, les ardoises, les marbres bruts, meules à moudre et autres marchandises énumérées au tarif de l'ordonnance du 3 septembre 1844, les laines non filées ni teintes, les cotons et laines étrangers.

Les propriétaires doivent placer les marchandises dans des magasins sûrs et convenables et à deux clefs, dont l'une reste dans les mains de la régie qui prélève des échantillons et fait le recensement tous les trois mois.

La durée de l'entrepôt fictif est d'une année. Mais ce délai peut être prolongé par la *régie,* et, *quod notandum,* les négociants peuvent obtenir trois ans en faisant admettre la marchandise à l'entrepôt réel.

Les marchandises entreposées réellement ou fictivement peuvent être cédées. Le service des douanes, en ce qui concerne les produits étrangers, le service des contributions indirectes, s'il s'agit de sucres indigènes non acquittés, ne peuvent se refuser d'inscrire la marchandise au nom du cessionnaire qui produit le récépissé endossé réuni au warrant ou séparé de ce titre. (Circulaire du Directeur général des douanes, 31 mars 1859.)

Le cessionnaire, s'il s'agit de marchandises en entrepôt réel, signe sur les sommiers, et s'il s'agit de marchandises d'entrepôt fictif, fournit un nouvel engagement et une nouvelle caution. Ces formalités remplies, le transfert est consommé.

Mais, toutes simples que peuvent être ces formalités, on les a très-heureusement modifiées *pour les entrepôts placés sous le régime des magasins généraux.*

DES ENTREPOTS DANS LES VILLES
DE L'INTÉRIEUR.

L'entrepôt réel peut être concédé par un décret, non seulement aux villes maritimes, mais à toutes les villes qui le demandent[38] et qui remplissent les conditions édictées par les lois du 27 février 1832, art. 9 et 10, et 10 août 1839, art. 11, et que nous allons énumérer.

Les villes qui sollicitent la concession d'un entrepôt réel, doivent préalablement y affecter un bâtiment *spécial*, isolé et

[38] Les villes de l'intérieur qui jouissent d'un entrepôt réel sont Orléans, Douai, Lille, Nimes, Toulouse, Metz, Avignon, Strasbourg, Paris, Lyon, Saint-Étienne et Mulhouse.

distribué de telle sorte qu'on puisse y classer les marchandises d'origines diverses, fournir un corps-de-garde pour les préposés des douanes, des logements et des bureaux pour le contrôleur des douanes et pour le préposé du commerce [39].

Ce n'est pas bien difficile.

Elles doivent en outre pourvoir à la dépense spéciale du service de l'entrepôt, et supporter les salaires des employés, les frais des magasins, sauf ceux de perception et de surveillance qui restent à la charge de l'État.

Ce n'est pas bien lourd ! Et, pour indemnité, les villes jouissent des droits de magasinage et de manutention, d'après un tarif arrêté de concert avec la Chambre de commerce et approuvé par le Gouvernement.

Si les villes ne jugent pas à propos de gérer elles-mêmes l'entrepôt, elles ont la faculté de concéder temporairement leurs droits, avec concurrence et publicité, à des adjudicataires, qui se chargent de toutes les dépenses et fournissent un cautionnement pour assurer l'exécution de toutes les autres charges de l'entrepôt.

Un entrepôt réel ne peut jamais être concédé directement par l'État à des particuliers; mais la Chambre de commerce, sur le refus du Conseil municipal, peut obtenir la concession en se soumettant aux mêmes obligations que les villes, et au moyen d'une association constituée en Société anonyme.

---

[39] Ces conditions peuvent être réalisées dans les bâtiments d'un magasin général. L'entrepôt réel apporte au magasin général un élément de prospérité de plus, et on appelle l'établissement, comme nous l'avons déjà dit, *magasin général soumis au régime de l'entrepôt réel.*

DES MAGASINS GÉNÉRAUX.

Les entrepôts réels et fictifs permettent, comme on vient de le voir, de faire entrer en France, d'amasser et de conserver dans des magasins offrant toutes garanties, les produits *étrangers* et les produits nationaux ou nationalisés *soumis aux droits de douane, d'octroi ou de consommation intérieure*, sans acquitter les droits qui ne sont exigés, pour les entrepôts réels, qu'à la sortie des marchandises [39], pour les entrepôts fictifs, que lors de l'exercice et sur les produits qui ne sont plus en magasin. C'est le système de Colbert étendu aux marchandises étrangères importées en France, avec faculté de livrer tous les produits entreposés à la consommation intérieure. Il offre plusieurs avantages au commerce, mais il est loin d'être complet.

Pendant tout le temps que les marchandises sont entreposées, elles dépensent sans travailler et sans produire, elles restent en dehors de la circulation dans une complète et stérile inertie. Le négociant, qui a ses capitaux ainsi absorbés, immobilisés, se voit dans l'impossibilité quelquefois de faire honneur à ses engagements, et souvent de se livrer à de nouvelles opérations. Il a en main une valeur certaine, réelle, mais inerte jusqu'au moment où il lui est possible de livrer ses marchandises à la consommation, et ce moment peut être indéfiniment reculé par la baisse, une crise commerciale ou financière, et mille autres circonstances. En attendant, il ne peut emprunter sur ses marchandises, et, s'il peut vendre sans déplacement et

---

[40] Si elles sont réexportées elles ne paient pas de droits.

sans livrer à la consommatiou, cette faculté est soumise à tant de difficultés et d'entraves qu'elle est presqu'illusoire.

D'un autre côté, — et cet inconvénient a frappé tous les esprits qui s'occupent de la question, — si les entrepôts permettent d'accumuler des produits étrangers qui viennent peser sur nos marchés, ils refusent cet avantage aux matières premières, aux produits, aux objets fabriqués *d'origine française* qui ne sont soumis à aucun droit et qui, partant, ne peuvent être admis en entrepôt réel ou fictif.

Il restait donc plusieurs problèmes à résoudre :

Étendre les avantages de l'entrepôt à tous les produits nationaux qui ne paient pas de droits;

Rendre la vie à des valeurs stagnantes, en en faisant un instrument de crédit aussi recherché, aussi honoré, aussi honorable qu'en Angleterre [41] et en Hollande, de façon à le faire pénétrer par toutes les issues, — et sans répugnance, — dans la vie civile et commerciale;

Constituer cet instrument de crédit, de façon à ce que le négociant puisse battre monnaie à tout moment, en gardant la libre disposition de la marchandise sans danger pour l'acheteur ou le prêteur;

Mobiliser si complétement la marchandise entreposée qu'elle puisse changer de main sans frais, sans déplacement, avec la même facilité qu'un billet de commerce, à l'aide de deux morceaux de papiers qui la représenteront comme le billet de banque représente les écus déposés dans les caves de la Banque de France.

Ce n'était pas chose facile.

[41] Depuis le marchand jusqu'aux seigneurs fabricants et aux barons de l'industrie, depuis le fermier jusqu'aux lords les plus opulents, tous ceux qui se livrent au commerce ou à l'agriculture, en Angleterre, entreposent leurs produits, et aucun d'eux ne se croit pour cela déshonoré ou discrédité.

Sous notre législation, la marchandise étant chose mobilière ne peut servir de base à un titre de crédit commercial. C'est une propriété civile régie par le Code Napoléon, et, tout d'abord, il y avait deux montagnes à soulever, ou tout au moins à tourner, ces deux fameux axiômes de notre Droit : Les meubles n'ont pas de suite ; En fait de meubles, la possession vaut titre. D'un autre côté, le contrat de gage est traité par nos mœurs, nos idées et nos lois avec tant de défaveur, de défiance et de rigueur, cette opération entraîne à la fois tant de lenteurs, de formalités, de frais et de discrédit, qu'à peine d'en tuer d'avance l'institution, il fallait éviter la chose, et autant que possible le nom lui-même.

On est allé en Angleterre chercher des idées, et on a bien fait. Depuis longtemps, les problèmes que nous venons de poser y avaient reçu leurs solutions. Il fallait seulement les adapter à nos mœurs et éviter les dangers qu'elles présentent. C'est ce que le législateur français a fait, avec une sagesse, une prudence, une entente des affaires qu'on ne saurait trop reconnaître, dans les lois du 28 mai 1858 que nous allons reproduire dans leurs dispositions essentielles [42].

Loi sur les magasins généraux. — 28 mai 1858.

Article 1er. — Les magasins généraux établis en vertu du décret du 21 mars 1848 et ceux qui seront créés à l'avenir, recevront les matières premières, les marchandises et les objets fabriqués que les négociants et les intriels *voudront y déposer.*

Ces magasins sont ouverts, les chambres de commerce ou les chambres consultatives des arts et manufactures entendues, avec l'autorisation du Gouvernement et placés sous sa surveillance.

[42] Nous n'avons pas pour but de faire un traité, ni même un manuel sur les entrepôts, mais seulement un exposé des principes et des avantages de l'institution. Nous nous bornerons donc à copier la loi et à en faire ressortir les avantages surtout au point de vue particulier du commerce d'Arras et du Pas-de-Calais.

Des *récépissés* délivrés aux déposants énoncent leurs nom, profession et domicile, ainsi que la nature de la marchandise déposée et des indications propres à en établir l'identité et à en déterminer la valeur.

Art. 2.—A chaque *récépissé* de marchandises, *est annexé*, sous la dénomination *de warrant, un bulletin* de gage contenant les mêmes mentions que le récépissé.

Art. 3. — Les récépissés et les warrants peuvent être transférés, par voie d'endossement, ensemble ou séparément.

Art. 4. — L'endossement du *warrant, séparé du récépissé*, vaut nantissement de la marchandise au profit du cessionnaire du warrant.

L'endossement du *récépissé* transmet au cessionnaire le droit de disposer de la marchandise, à la charge par lui, lorsque le warrant n'est pas transféré avec le récépissé, de payer la créance garantie par le warrant, ou d'en laisser payer le montant sur le prix de la vente de la marchandise.

Art. 5.—L'endossement du récépissé et du warrant, transférés ensemble ou séparément, doit être daté.

L'endossement du warrant séparé du récépissé doit, en outre, énoncer le montant intégral, en capital et intérêts, de la créance garantie, la date de son échéance, et les nom, profession et domicile du créancier.

Le premier cessionnaire du warrant doit immédiatement faire transcrire l'endossement sur les registres du magasin, avec les énonciations dont il est accompagné. Il est fait mention de cette transcription sur le warrant.

Art. 6. — Le porteur du récépissé séparé du warrant peut, même avant l'échéance, payer la créance garantie par le warrant.

Si le porteur du warrant n'est pas connu, ou si, étant connu, il n'est pas d'accord avec le débiteur sur les conditions auxquelles aurait lieu l'anticipation de paiement, la somme due, y compris les intérêts jusqu'à l'échéance, est consignée à l'administration du magasin général, qui en demeure responsable ; *et cette consignation libère la marchandise.*

Art. 7. — A défaut de paiement à l'échéance, le porteur du warrant séparé du récépissé peut, huit jours après le protêt, et *sans aucune formalité de justice*, faire procéder à la vente publique aux enchères et en gros de la marchandise engagée, dans les formes et par les officiers publics indiqués dans la loi du 28 mai 1858.

Dans le cas où le souscripteur primitif du warrant l'a remboursé, il peut faire procéder à la vente de la marchandise comme il est dit au paragraphe précédent, contre le porteur du récépissé, huit jours après l'échéance et sans qu'il soit besoin d'aucune mise en demeure.

Art. 8. — Le créancier est payé de sa créance sur le prix, *directement* et *sans formalité de justice, par privilége et préférence, à tous créanciers,* sans autre déduction que celle : 1o des contributions indirectes, des taxes d'octroi et des droits de douane, due par la marchandise ; 2o des frais de vente, de magasinage et autres faits pour la conservation de la chose.

Si le porteur du récépissé ne se présente pas lors de la vente de la marchandise, la somme excédant celle qui est due au porteur de warrant est consignée à l'administration du magasin général, comme il est dit à l'article 6.

Art. 9. — Le porteur du warrant n'a de recours contre l'emprunteur et les endosseurs qu'après avoir exercé ses droits sur la marchandise, et en cas d'insuffisance.

Art. 10. — Les établissements publics de crédit peuvent recevoir les warrants comme effets de commerce, avec dispense *d'une des signatures exigées par leurs statuts.* etc.

Loi sur les ventes publiques de marchandises en gros.
(28 mai 1858.)

Art. 1er. — La vente volontaire aux enchères, en gros, des marchandises comprises au tableau annexé à la présente loi [43], peut avoir lieu par le ministère des courtiers, sans autorisation du tribunal de commerce.

Ce tableau peut être modifié, soit d'une manière générale, soit pour une ou plusieurs villes, par un décret rendu dans la forme des règlements d'administration publique et après avis des chambres de commerce.

Art. 2. — Les courtiers établis dans une ville où siége un tribunal de commerce ont qualité pour procéder aux ventes régies par la présente loi, dans toute localité dépendant du ressort de ce tribunal où il n'existe pas de courtiers.

Ils se conforment aux dispositions prescrites par la loi du 22 pluviôse an VII, concernant les ventes publiques de meubles [44].

Art. 5. — Les contestations relatives aux ventes sont portées devant le tribunal de commerce.

Art. 6. — Il est procédé aux ventes *dans les locaux spécialement autorisés à cet effet, après avis de la chambre et du tribunal de commerce.*

---

[43] Cet article a été modifié dans les termes suivants par l'article 1er du décret du 30 mai 1863 ainsi conçu :

Art. 1er. — Peuvent être vendues en gros, aux enchères publiques, conformément à la loi du 28 mai 1858, dans tout l'empire : 1° les marchandises de toute provenance portées au tableau annexé au présent décret, lequel remplacera le tableau annexé à ladite loi ; 2° toutes les marchandises exotiques quelconques destinées à la réexportation.

[44] Cette loi interdit les ventes aux enchères autrement que par le ministère d'officiers publics, et oblige ceux-ci à une déclaration préalable.

DÉCRET DU 12 MARS 1859.

TITRE Iᵉʳ. — *Dispositions communes aux magasins généraux et aux salles de ventes publiques.*

Art. 1ᵉʳ. — Toute demande ayant pour objet l'autorisation d'ouvrir un magasin général ou une salle de ventes publiques est adressée au Ministre de l'agriculture, du commerce et des travaux publics, par l'intermédiaire du préfet, avec l'avis de ce fonctionnaire et celui des corps désignés dans les lois du 28 mai 1858 (article premier).

Le ministre des finances est consulté lorsque l'établissement projeté *doit être placé dans des locaux soumis au régime de l'entrepôt réel ou recevoir des marchandises en entrepôt fictif.*

L'établissement peut être formé spécialement pour une ou plusieurs espèces de marchandises.

Art. 2. — Toute personne qui demande l'autorisation d'ouvrir un magasin général ou une salle de ventes publiques doit justifier des ressources en rapport avec l'importance de l'établissement projeté.

Les exploitants de magasins généraux ou de salles de ventes publiques peuvent être soumis, pour la garantie de leur gestion, à un cautionnement dont le montant est fixé par l'acte d'autorisation et proportionné, autant que possible, à la responsabilité qu'ils encourent.

Art. 3. — Les propriétaires ou exploitants sont responsables de la garde et de la conservation des marchandises qui leur sont confiées, sauf les avaries et les déchets naturels provenant de la nature et du conditionnement des marchandises ou des cas de force majeure.

Art. 4. — *Il est interdit aux exploitants de magasins généraux et de salles de ventes de se livrer directement ou indirectement, pour leur propre compte ou pour le compte d'autrui, à aucun commerce ou spéculation ayant pour objet les marchandises.*

Art. 6. — Les exploitants de magasins généraux et des salles de ventes sont tenus de les mettre, *sans préférence ni faveur, à la disposition de toute personne qui veut opérer le magasinage ou la vente de ses marchandises,* dans les termes des lois du 28 mai 1858.

TITRE II. — *Dispositions particulières aux magasins généraux et aux récépissés et warrants.*

Art. 13. — Les récépissés de marchandises et les warrants y annexés sont extraits d'un registre à souche.

Art. 14. — Dans le cas où un courtier est requis pour l'estimation des marchandises, il n'a droit qu'à une vacation dont la quotité est fixée, pour chaque place, par le ministre de l'agriculture, du commerce et des travaux publics, après avis du tribunal de commerce.

Art. 15. — A toute réquisition du porteur du récépissé et du warrant réunis, la marchandise déposée doit être fractionnée en autant de lots qu'il lui conviendra, et le titre primitif remplacé par autant de récépissés et warrants qu'il y aura de lots.

Art. 16. — Tout cessionnaire du récépissé ou du warrant peut exiger la transcription sur les registres à souche dont ils sont extraits de l'endossement fait à son profit, avec indication de son domicile.

Art. 17. — A toute époque, l'administration du magasin général est tenue, sur la demande du porteur du récépissé ou du warrant, de liquider les dettes et les frais énumérés à l'article 8 de la loi du 28 mai 1858, sur les négociations des marchandises dont le privilége prime celui de la créance garantie sur le warrant. Le bordereau de liquidation délivré par l'administration du magasin général relate les numéros du récépissé et du warrant auxquels il se réfère.

Art. 18. — Sur la présentation du warrant protesté, l'administration du magasin général est tenue de donner, au courtier désigné pour la vente par le porteur du warrant, toutes facilités pour y procéder.

Elle ne délivre la marchandise à l'acheteur que sur le vu du procès-verbal de la vente et moyennant : 1° la justification du paiement des droits et frais privilégiés, ainsi que du montant de la somme prêtée sur le warrant; 2° la consignation de l'excédant, s'il en existe, revenant au porteur du récépissé, dans le cas prévu par le dernier paragraphe de l'article 8 de la loi.

TITRE III. — *Dispositions particulières aux ventes publiques de marchandises en gros.*

Art. 25 (Tel qu'il a été modifié par le décret du 30 mai 1863.). — Les lots ne peuvent être, d'après l'évaluation approximative et selon le cours moyen des marchandises, au-dessous de 500 francs.

Ce minimum peut être élevé ou abaissé dans chaque localité, pour certaines classes de marchandises, par arrêté du ministre de l'agriculture, du commerce et des travaux publics, rendu après avis de la chambre de commerce ou de la chambre consultative des arts et manufactures [45].

---

[45] Le minimum des lots a été fixé pour les cas ordinaires par l'arrêté du 30 mai 1862, et à 100 fr. par le décret du 6 juin 1863 pour les ventes prévues par la loi du 3 juillet 1861.

En cas d'avaries les marchandises peuvent être vendues par lots d'une valeur inférieure au minimum fixé pour chacune d'elles, mais après autorisation donnée sur requête par le président du tribunal de commerce du lieu de la vente. Le magistrat peut toujours, s'il le juge nécessaire, faire constater l'avarie par un expert qu'il désigne.

Le minimum de la valeur des lots est fixé à 100 francs pour les ventes, après protêt de warrant, de marchandises de toutes espèces.

Ce minimum peut être élevé ou abaissé, dans chaque localité, pour certaines classes de marchandises, par arrêté du ministre de l'agriculture, du commerce et des travaux publics, rendu après avis de la chambre de commerce ou de la chambre consultative des arts et manufactures [46].

ÉCONOMIE ET MÉCANISME DES LOIS
DU 28 MAI 1858.

I. Les magasins généraux sont des établissements publics, des établissements d'utilité générale. Contrairement à ce qui existe en Angleterre, ils ne peuvent être ouverts ni fonctionner qu'avec l'autorisation et sous la surveillance du Gouvernement. — Seuls, ils ont le droit de délivrer des récépissés et warrants transmissibles par endossements [47]. — En Angle-

---

[46] Décret du 29 juin 1861.

Art. 1er. — Il est ajouté à l'article 25 précité du décret du 12 mars 1859, un troisième paragraphe ainsi conçu :

« Les marchandises avariées peuvent être vendues par lots d'une valeur inférieure
« à cinq cents francs, mais sous la condition d'une autorisation donnée sur requête
« par le président du tribunal de commerce du lieu de la vente, ou par le juge de
« paix dans les lieux où il n'y a pas de tribunal de commerce. Le magistrat peut
« toujours, s'il le juge nécessaire, faire constater l'avarie par un expert qu'il dé-
« signe. »

[47] Les entrepôts particuliers ne peuvent pratiquer que l'emmagasinage.

terre, la multiplicité des docks, l'absence de tout contrôle et de toute garantie, donnent naissance à des abus, à des délits, contre lesquels la justice est appelée souvent a sévir. C'est ce qui fait la faiblesse du système anglais. Le tempérament de nos voisins est façonné à ce genre de liberté, et s'en accommode. Pourtant, depuis deux ans, il y a eu dans leurs docks tant de soustractions de marchandises, qu'ils commencent à réfléchir et à donner la préférence à nos magasins généraux ; de sorte qu'une bonne partie des marchandises provenant des Indes ou du continent s'arrête dans nos entrepôts, qu'ils viennent enrichir. Les marchandises entreposées chez nous se vendent plus facilement ; les banquiers prêtent sur elles à un taux plus bas que sur les marchandises entreposées en Angleterre, parce qu'on sait que dans nos docks les marchandises sont à l'abri des sophistications, des altérations et des contrefaçons si faciles dans les magasins particuliers. — C'est là un résultat que le législateur français a prévu. On doit l'en féliciter.

Et, notons-le, cette autorisation n'est exigée et cette surveillance n'a lieu que dans l'intérêt même des docks et du commerce, et nullement pour créer un monopole. — L'autorisation est toujours accordée quand les postulants réunissent les conditions de garantie indispensables, car le gouvernement, qui favorise de toutes ses forces la création des entrepôts, se montre libéral dans la concession de ses autorisations. Il ne saurait donc y avoir de difficulté et d'opposition, de sa part, quand la demande est formée par une ville [48].

II. L'autorisation d'établir un dock peut être demandée par la Chambre de commerce ou par le Conseil municipal,

[48] Béthune, dit-on, sollicite un entrepôt. Béthune, si on ne se hâte, obtiendra la concession avant Arras.

s'ils le jugent utile, et la ville concessionnaire peut ensuite céder ses droits à des particuliers.

III. Dans aucun cas, la concession ou la cession d'un magasin général ne peut avoir lieu au profit d'*un commerçant*. On en comprend le motif. Les administrateurs des docks ne sont et ne peuvent être que des dépositaires. — Si la loi leur permettait de faire le commerce ou même de spéculer, les marchandises entreposées courraient de grands risques, et on hésiterait à les confier aux docks. Nous n'aurions plus ni confiance, ni sécurité. D'un autre côté, ces administrateurs, connaissent les opérations de tous les déposants, il ne faut pas qu'ils puissent en profiter ; ils sont investis du droit de délivrer des warrants et des récépissés, d'en transcrire les endossements et de leur donner date certaine, il ne faut pas qu'ils aient *intérêt à commettre des erreurs.*

IV. Comme établissements d'utilité générale, les docks sont mis à la disposition de toute personne qui veut en user, et non pas seulement des commerçants et des fabricants. — *Le fermier et le propriétaire peuvent donc y entreposer les produits de leurs cultures.* — On y reçoit toutes les marchandises et objets quelconques, qu'ils soient ou non destinés à être vendus et warrantés. On n'exige qu'une chose, c'est que les objets emmagasinés soient *de qualité loyale et marchande* et qu'ils ne soient *ni insalubres, ni avariés.* Le propriétaire, le fermier, le fabicant, le négociant, les spéculateurs qui n'ont pas de magasin, ont ainsi la faculté de se servir des docks pour y emmagasiner, avec toute sécurité, leurs réserves à l'époque des bas cours.

V. Un magasin général peut être établi dans un local soumis au régime des entrepôts réels et fictifs, et, dans ce cas, ils peuvent admettre les *produits étrangers* soumis à des droits de douane ou de consommation intérieure.

Pour obtenir cet avantage, dont nous n'avons pas besoin

de faire ressortir l'importance [19], il faut, purement et simplement, disposer le local de façon à ce que certaines parties soient affectées spécialement aux marchandises étrangères n'ayant pas acquitté les droits, et constituer le magasin général de façon à ce qu'il ne puisse recevoir des marchandises d'entrepôt fictif en dehors de la ville.

VI. Le propriétaire des objets entreposés reçoit un récépissé et un warrant. Ces deux titres représentent les valeurs en dépôt.

Le *récépissé* constate spécialement le droit de propriété. Il donne au porteur le droit de disposer des objets entreposés. C'est l'instrument de circulation et de vente. — Transférer le récépissé, c'est transférer la propriété de la marchandise entreposée.

Le *warrant*, au contraire, est l'instrument de crédit. Il permet d'emprunter sur la marchandise. Il donne au porteur la *possession* de la marchandise qu'il représente. Transférer le warrant, c'est transférer la possession de la marchandise.

Ces titres sont transmissibles par la voie d'endossement.

Au moyen du warrant, le dépôt n'est plus improductif. En l'escomptant, le commerçant se procure l'argent qui lui est nécessaire. C'est une valeur de tout repos, puisque le prêteur qui la reçoit a, en fait comme en droit, la possession de la marchandise entreposée.

Au moyen du récépissé, le négociant peut vendre, quand il lui convient, sa marchandise sans la déplacer, et la marchandise, ainsi mobilisée et assimilée au papier, peut circuler, peut être transférée indéfiniment, sans formalité et sans frais, avec autant de facilité que la monnaie.

[19] Tout le monde comprendra qu'il n'en coûte pas plus pour créer un magasin général soumis au régime des entrepôts, que pour créer un simple magasin général. Le local est toujours le même. S'il y a une différence, elle n'existe que dans le traitement des employés des douanes attachés à l'établissement.

Grâce à ces principes, à cette législation si prévoyante et si sage, le mécanisme des opérations diverses auxquelles donneront lieu les marchandises déposées dans les magasins généraux est plus simple et offre plus de garantie et de sûreté qu'en Angleterre.

Le déposant veut-il vendre ? S'il a entreposé sans emprunter, il a entre les mains les deux titres, le récépissé et le warrant, il les transfère tous deux à l'acheteur, et par cet endossement la propriété de la marchandise, passe purement et simplement, des mains du vendeur dans celles de l'acheteur [50].

Si la marchandise a été warrantée, c'est-à-dire, si le déposant a emprunté, il transfère à l'acheteur le récépissé qu'il a conservé, et l'acheteur devient propriétaire de la marchandise *avec les mêmes droits et les mêmes charges que le vendeur*, en d'autres termes, il peut se faire livrer, vendre à son tour, à

[50] Il ne faut pas confondre ce mode de vente avec les ventes par *fillières* qui sont en usage dans les ports de mer et qui commencent à pénétrer dans l'intérieur; il existe entre ces deux modes des différences tout à l'avantage de la vente sur récépissé. — La vente par filière ne s'applique qu'à des marchandises achetées à terme. L'acheteur primitif cède ses droits à un sous-acquéreur et lui remet les titres au moyen desquels il pourra se faire livrer par le vendeur originaire. Des cessions successives s'effectuent dans les mêmes conditions jusqu'à ce que la marchandise tombe entre les mains d'un acheteur définitif obligé de prendre livraison au jour indiqué. — Il existe toujours entre le prix dû par les premiers acquéreurs et celui dû par les derniers un écart plus ou moins considérable, dont la fixation et le règlement soulèvent des difficultés; ce qui rend nécessaire une liquidation de la filière par un arbitre ou par le tribunal. Ce n'est pas tout. La marchandise n'est pas livrée contre espèces; il y a toujours un terme. Si le vendeur n'est pas payé à l'échéance, il y a des recours en garantie, en arrière-garantie, qui viennent singulièrement compliquer la position. Ces difficultés ne se rencontrent jamais dans la vente sur récépissé et warrant. Le dernier porteur n'est pas chargé de payer un prix encore dû, il peut seulement avoir à déposer la somme nécessaire au retirement de la marchandise si elle a été warrantée. Chaque mutation, chaque transfert est donc, au moment où il s'effectue, l'objet d'un règlement distinct, qui n'exige l'intervention ni d'un tribunal, ni d'un arbitre, et dont l'exécution est indépendante de celles des transmissions postérieures. (V. sur cette question B. Bedarride, *Moniteur des Tribunaux*, 1863, pag. 581.)

la charge de payer au porteur du warrant le montant de la créance garantie par l'endossement de ce warrant.

-Veut-il, au contraire, emprunter sur sa marchandise, ou se faire ouvrir un compte courant? il transfère le warrant par endossement au porteur ou au banquier. L'endossement du warrant seul, et séparé du récépissé, vaut, pour le porteur, possession de la marchandise elle-même, et *lui confère le droit d'être payé de sa créance sur le prix de la marchandise, directement et sans formalité de justice, par privilége et préférence à tous autres créanciers.*

La possession et le privilége suivent le warrant en quelques mains qu'il passe par l'effet des négociations successives dont il peut être l'objet.

Quant au mode de vente publique créée par la loi, rien n'est plus simple. Il suffit de lire la loi pour en comprendre le fonctionnement : dans un instant nous en ferons connaître les avantages.

VII. Les administrateurs des magasins généraux sont des dépositaires dans le sens absolu du mot, et comme tels, responsables de la garde et de la conservation des choses qui leur sont confiées. Ils ne doivent les laisser sortir que sur la remise simultanée du récépissé et du warrant. Ils sont personnellement responsables des sorties effectuées en dehors de ces conditions, des inexactitudes provenant de leur fait, qui existeraient dans les énonciations concernant la nature ou la qualité de la marchandise. C'est pour cela qu'on exige d'eux un cautionnement proportionné à leur moralité et à la valeur des marchandises entreposées. Le règlement de certains magasins généraux permet bien au porteur du récépissé d'obtenir la remise de la marchandise que ce titre représente, mais c'est à la condition qu'il déposera préalablement à la caisse de l'administration le montant de la somme prêtée qui figure sur le warrant.

VIII. Un magasin général n'a aucun rapport, aucune ana-
logie avec une maison de prêt sur gages [51].

Les administrateurs ou exploitants d'un magasin général
ne peuvent, à peine de révocation de la concession, devenir
prêteurs. « Il est interdit, dit la loi, aux administrateurs
« des magasins généraux et des salles de vente de se livrer
« directement ou indirectement, pour leur propre compte ou
« pour le compte d'autrui, à aucun commerce ou spéculation
« ayant pour objet les marchandises. »

D'un autre côté, dans le contrat de gage ou de nantissement, l'emprunteur est obligé de livrer au prêteur lui-même
les objets engagés, il en perd ainsi la possession et la disposition, et il n'y a pas de contrat de gage possible si le créancier n'est pas mis en possession réelle de l'objet engagé et si
le débiteur en garde la disposition [51 bis].

Or, le propriétaire des marchandises déposées dans un
magasin général en conserve, dans tous les cas, la libre disposition. Ou il les confie aux docks simplement pour les entreposer, parce que la construction de magasins particuliers

[51] Le projet de loi sur les magasins généraux désignait le titre de la possession
des marchandises entreposées sous le nom de Bulletin de gage. Cette dénomination
a ému le Corps législatif. Pourquoi, a-t-on dit, parler de *gage*, puisqu'il ne s'agit en
aucune façon de ce contrat, si contraire à nos idées et à nos mœurs, mais d'un contrat tout à fait nouveau ? Ayons le courage de l'innovation et employons l'expression
Warrant. L'Angleterre nous a pris assez de bonnes inventions pour que nous ayons
le droit de lui emprunter un mot. Cette proposition a été adoptée. Mais la loi a dû
faire suivre l'expression warrant des mots bulletin de gage, parce que, comme on
l'a dit plus haut, warrant en Angleterre signifie récépissé (instrument de vente), et
qu'il fallait éviter toute équivoque et toute confusion.

Le mot, comme le contrat, tout est donc nouveau pour nous et ceux qui parlent
de maisons de gages, de monts-de-piété, quand il s'agit d'un magasin général, ne
prouvent qu'une chose, leur ignorance complète de l'institution, ou leur mauvaise foi.

[51 bis]. C'est ce qui se passe quand un propriétaire d'obligations de rentes sur
l'État dépose ses titres à la Banque de France pour obtenir une avance de fonds.
Qui jamais pourtant a eu l'idée d'appeler la Banque de France un Mont-de-Piété.

absorberait ses capitaux, parce que ses magasins ne sont ni assez grands ni assez sûrs, parce qu'il n'a pas un personnel suffisant pour les manipuler, et dans ce cas sa marchandise est si peu engagée qu'il peut en effectuer le retirement *instantanément* quand il lui convient. Ou, après avoir entreposé ses marchandises, le commerçant négocie, escompte son warrant pour se procurer de l'argent. Dans ce cas encore, il conserve entière la disposition de sa marchandise puisqu'il peut toujours la vendre à l'aide du récépissé, sous la seule réserve de la créance warrantée.

Qu'y a-t-il d'étrange, de déshonorant dans cette opération et en quoi diffère-t-elle de l'escompte d'un billet à ordre [52]?

« Y a-t-il [53] un seul négociant qui se fasse un scrupule de « négocier tous les billets à ordre qu'il reçoit ? Y en a-t-il un « seul qui croie, en le faisant, s'exposer à la déconsidération « et au discrédit ? Eh bien, dans un warrant il y a tout au- « tant, mais il n'y a pas plus de gage, dans la mauvaise ac- « ception du mot, que dans un billet à ordre. Le fait de la « négociation d'un warrant ne saurait avoir rien de moins ho- « norable que de celle d'un billet à ordre. Le warrant serait « même plus honorable et est certainement plus honoré, puis- « qu'il peut se présenter partout avec une seule signature, « tandis que le billet est soumis au moins à deux signatures.

« Le warrant est tellement plus considéré que le billet à « ordre, que, si nous ne craignions pas de passer pour indis- « cret [54], nous dirions avoir vu escompter des warrants au « taux de 1 et même 2 % au dessous du taux d'escompte des

---

[52] L'assimilation des warrants aux billets à ordre est si complète que le porteur est obligé de faire protester le warrant à défaut de paiement à l'échéance.

[53] Alix Sauzeau. — *Des Docks et des Warrants.*

[54] M. Alix Sauzeau est chargé spécialement, au Comptoir d'Escompte de Paris, du travail relatif aux warrants et avances sur marchandises. Il a rendu d'immenses services par ses publications sur les docks, les warrants et les chèques.

« billets à ordre. Les avances sur warrants sont des opéra-
« tions tellement considérées et recherchées qu'on se les dis-
« pute ; les banquiers et les grands établissements de crédit
« se les arrachent des mains. Quand l'escompte de la banque
« est au taux de 7 %, l'escompte chez les banquiers est né-
« cessairement au taux de 8 % pour toutes les valeurs com-
« merciales, billets à ordre ou traites qui leur sont présentés.
« Eh bien ! cela n'empêche pas un banquier d'avoir, auprès
« des docks, des agents pour traiter avec les déposants de
« marchandises, de l'escompte de leurs warrants au taux de
« 5 % et de le faire annoncer dans les journaux, ainsi qu'on
« a pu le voir en février et mars de l'année 1861.

« Qu'est-ce que cela veut dire commercialement ? C'est que
« le warrant inspire plus de confiance que le billet à ordre. Il
« n'est guère aisé alors de comprendre qu'une opération ho-
« norable, imposant plus de confiance que toute autre et très-
« considérée par elle-même, puisse déverser de la déconsidé-
« ration sur son auteur et lui faire perdre ce qu'on appelle la
« confiance.

« Et que l'on ne vienne pas dire enfin que négocier un
« warrant, c'est constater que l'argent vous manque, que dès
« lors vous êtes gêné dans vos affaires. Certainement, c'est une
« preuve que l'argent manque au négociant, mais absolument
« comme la négociation du billet à ordre et des lettres de
« change ; mais cela ne prouve nullement de mauvaises af-
« faires ; cela prouve même, la plupart du temps, tout le con-
« traire. Tout le monde sait que la situation la plus désas-
« treuse pour un négociant, c'est d'avoir ses caisses remplies
« par ses capitaux. L'argent en caisse est stérile et chôme ; il
« faut qu'il circule pour être productif. Un billet en porte-
« feuille immobilise et stérilise également le capital qu'il re-
« présente ; on le négocie pour faire cesser son chômage et le
« remettre en activité. Votre marchandise en magasin pro-

« duit exactement le même effet que le billet en portefeuille,
« elle fait chômer le capital dont elle est la valeur ; déposez-
« la dans les docks et négociez-la de suite par un warrant,
« vous ravivez votre capital endormi et multipliez ainsi vos
« opérations.

« Arrière donc, préventions absurdes et préjugés stupides,
« qui venez vous mettre en travers et retarder la marche pro-
« gressive d'une institution bienfaisante. Faites place au bon
« sens, à la raison, à la saine et exacte appréciation des
« choses [55]. »

A ces paroles nous ne voulons ajouter qu'un mot, c'est que
si, chaque jour, on dépose à la Banque de France des valeurs
sur lesquelles on emprunte, on ne se croit pas et on n'est pas
pour cela discrédité.

Enfin, la loi voit l'escompte du warrant avec tant de faveur
qu'elle porte (article II) : « Les établissements publics de crédit
peuvent recevoir les warrants comme effets de commerce avec
dispense d'une des signatures exigées par leurs statuts ».

Et les grands établissements de crédits, la Banque de
France et le Comptoir national d'Escompte, tiennent tant à la
négociation des warrants, *qu'ils attachent à tous les magasins
généraux un employé qui y a ses bureaux* et avec lequel
traitent les négociants qui sont propriétaires de marchandises
entreposées.

AVANTAGES DES MAGASINS GÉNÉRAUX.

Pour les Fabricants, les Négociants et les Spéculateurs.—I. En
France, on compte autant de magasins que de producteurs et

---

[55] C'est Alix Sauzeau qui s'exprime ainsi.

de négociants. Il faut de plus à tout commerçant un personnel pour la garde, la surveillance et l'entretien de ses magasins, et pour la manutention des marchandises. Ce personnel, insuffisant quand le mouvement des affaires est considérable, inutile et oisif dans la morte-saison et quand il n'y a pas de marchandises dans les magasins, est difficile à trouver et coûte fort cher. Il faut que le Français qui veut entreprendre des spéculations commerciales, des opérations industrielles, ou simplement se livrer à la fabrication d'un produit quelconque, commence par employer une forte portion de son capital a construire ou à louer des magasins pour y renfermer ses marchandises jusqu'au jour où elles pourront être livrées à la consommation. Son capital roulant et ses affaires diminuent d'autant. Les dépenses de construction ou de location de magasins particuliers, et le personnel qu'ils nécessitent, viennent augmenter dans une proportion considérable ses frais généraux. Les produits et les marchandises supportent ces frais et leur prix s'accroît d'autant.

Les Anglais, les Hollandais, les Américains [56] ont eu l'idée de calculer la dépense et les frais qu'il serait possible d'éviter en se réunissant pour former un seul magasin au lieu de cent, au lieu de mille, et ils chiffrent l'importance de l'économie par 18 p. 100. Ils se sont affranchis de cette lourde charge en créant des magasins généraux, et ils se présentent sur nos marchés, où ils nous écrasent, avec cet écart énorme.

Les lois de 1858 nous permettent de jouir aujourd'hui des mêmes avantages, avec plus de sécurité que dans les pays que nous venons de citer. Pourquoi nos fabricants, nos commerçants ne se débarrasseraient-ils pas des soucis et des frais de leurs magasins particuliers, comme aussi de la garde de

---

[56] Les Belges n'ont adopté le système des magasins généraux et des warrants qu'en 1852, mais ils ont déjà regagné le temps perdu.

leurs marchandises ? N'ont-ils pas déjà trop de leurs fabriques, de leurs ateliers ? Est-ce que les magasins généraux ne sont pas là avec leur personnel spécial pour recevoir, pour garder et pour soigner, à très-peu de frais, jusqu'au moment où ils jugeront à propos de les vendre, les marchandises et objets fabriqués [57] qu'ils voudront y déposer ? Ils n'ont à craindre ni les soustractions, ni les freintes, ni les falsifications, ni les coulages extraordinaires. — Les locaux sont appropriés à chaque espèce de marchandise.

Et s'il s'agit de produits soumis à des droits de douanes, d'octroi ou de consommation intérieure, l'avantage n'est-il pas encore plus considérable, puisqu'en soumettant le magasin général au régime de l'entrepôt réel et de l'entrepôt fictif, on ne paie les droits qu'au moment de la sortie : en d'autres termes, les marchandises jouissent de la franchise jusqu'au moment où elles sont livrées à la consommation.)

Grâce à ce système, tout le monde peut se livrer à des spéculations sur les marchandises. Ne voit-on pas combien on surexcite ainsi les ventes et on attire les capitaux ? Ne voit-on pas que les spéculations sur marchandises ne sont plus un monopole pour les heureux propriétaires de magasins. Tout le monde y trouve son compte : le fabricant, parce qu'il a plus d'amateurs ; et le consommateur, parce que les produits doivent subir une baisse proportionnelle à l'économie réalisée.

II. Les magasins généraux non-seulement convertissent les marchandises en monnaie, mais multiplient, quadruplent les capitaux à l'aide des warrants. Un fabricant possède 50,000 fr. de fonds de roulement ; il achète des cotons, les fabrique et les garde dans son magasin : qu'il ne trouve pas d'acheteurs ou qu'il survienne une baisse, voilà ses capitaux immobilisés,

---

[57] Les exploitants des docks sont responsables, qu'on ne l'oublie pas, de la garde et de la conservation des marchandises entreposées.

inertes, et quelquefois pour longtemps. Il a une valeur réelle
il ne peut en tirer parti ; une bonne occasion se présente, de
marchandises à acheter à vil prix qu'on pourra revendre ave
gros bénéfices, il est paralysé, et ce n'est encore qu'un peti
malheur ; car souvent, après avoir perdu de bonnes occasions
il ne peut plus faire honneur à ses engagements.

Qu'il dépose, au contraire, ses marchandises dans u
magasin général, elles se changent en or : le warrant qu'o
lui délivre, lui permet de faire face à ses engagements et d
se livrer à de nouvelles opérations, ou tout au moins d'attendr
la hausse.

Prenons pour exemple un fabricant de sucre. La campagn
est terminée, elle a été productive ; il y a encombrement dan
les fabriques et dans les raffineries. Le fabricant est obligé d
payer ses betteraves, son personnel ; il faut qu'il réalise ! Tou
naturellement le raffineur ne veut pas acheter ou il offre u
prix impossible ; le fabricant est ainsi à la discrétion du raffi
neur, il n'a pas d'autre débouché, il faut qu'il subisse sa loi
il se ruine et le raffineur s'enrichit de tout ce que perd le fa
bricant [58].

Avec les magasins généraux tout change. Le fabricant en
treposeur négocie son warrant ou le remet à un banquier qu
lui ouvre un compte courant et tout est dit. Sans sortir mêm
de l'établissement, il trouve un agent de la Banque de Franc
qui lui demande son warrant, et qui lui avance les 3/4 de l
valeur des sucres consignés.

Ainsi, il n'a pas seulement l'avantage de conserver ses sucre
sans payer de droits avant de les livrer à la consommation, i
arrive à se procurer un capital qui lui permet de faire face à

---

[58] Si le consommateur profitait du bas prix, passe encore ! mais la perte du fabri
cant ne diminue pas d'une obole le prix du sucre, et c'est le raffineur seul qui er
profite.

ses engagements, de lutter avec le raffineur, d'attendre la hausse, et de vendre ses produits à sa convenance et à propos.

Les magasins généraux multiplient aussi les capitaux ; nous allons l'établir.

« Un négociant a 100,000 fr. Il achète pour 100,000 fr. de
« sucre qu'il entrepose ; la Banque de France lui avance les
« quatre cinquièmes de la valeur de ses sucres, soit 80,000 fr·
« Immédiatement, il achète avec ces 80,000 fr. une seconde
« partie de sucre, qu'il warrante et qui lui procure une se-
« conde avance de 64,000 fr. Ce n'est pas tout, il achète en-
« core ; nouveau dépôt dans un magasin général, troisième
« warrant qu'il escompte et contre lequel on lui remet
« 50,000 fr. et ainsi de suite jusqu'à un dernier achat de
« 4,000 fr. auquel il s'arrête. »

« Grâce au magasin général, les 100,000 fr. ont été presque
« quadruplés, et le négociant a pu acheter pour 465,000 fr.
« de sucres qui lui appartiennent, qu'il a payés comptant et
« qui se trouvent à sa disposition dans un entrepôt.

« Mais, le résultat de ces opérations, quel sera-t-il ?

« Les sucres ont été achetés, par exemple, à 34 fr. les 100
« kilos. Au bout de 3 mois il les vend à un raffineur 38 fr.
« avec un bénéfice de 12 p. 100 environ, soit de 38,750 pour
« la totalité. Si on déduit l'escompte des 465,000 fr. (5 p. 100
« pour 3 mois), le net produit est de 32,937 fr. 50.

« Qu'on trouve une combinaison qui rapporte davantage,
« ou même autant, avec 100,000 fr., sans magasin général et
« sans warrant.

« Allons plus loin et comparons le bénéfice du négo-
« ciant qui opère sans warrants. Il achète aussi un stock de
« 100,000 kil. au prix de 34 fr. les 100 kil. qu'il revend éga-
« lement dans les trois mois moyennant 38 fr. ; il gagne comme
« le premier 12 p. 100, soit 12,000 fr. En déduisant l'intérêt

« de son capital, à 5 p. 100, soit 1,250 fr., le bénéfice net ré-
« sultant de l'opération tombe à 10,750 fr.

« Ainsi avec le même capital, la même marchandise, les
« mêmes chances, dans le même laps de temps, grâce aux
« warrants, l'un réalise un bénéfice de 32,937 fr. 50 c. et
« l'autre de 10,750 fr. seulement.

« Et ce n'est pas le seul avantage. Est-ce que le négociant
« qui a recours aux warrants ne peut pas sacrifier le quart,
« la moitié, les trois quarts même de son bénéfice, faire baisser
« d'autant le cours de la marchandise, ruiner l'autre, celui qui
« préfère le coche au chemin de fer, tout en se réservant en-
« core un beau bénéfice ? »

Et cet exemple [59] s'applique à tous les produits comme à
toutes les marchandises. Qu'on s'étonne maintenant de la
prospérité des Anglais, mais qu'on ne vienne pas se plaindre
si bientôt ils sont maîtres sur nos marchés !

III. Les magasins généraux délivrent des échantillons au-
thentiques, on est donc certain que la marchandise ne sera ni
altérée, ni falsifiée ; cette sécurité fait rechercher les marchandises entreposées. Au lieu de perdre des chances de vente,
le négociant en acquiert au contraire de nouvelles. Ses marchandises non-seulement inspirent confiance, mais sont en évi-
dence sans annonces, sans affiches, et il peut les vendre, les
faire circuler, à l'aide du récépissé et de l'échantillon, sans *les*
déplacer. Elles peuvent ainsi être vendues et revendues, circuler successivement de Lille à Marseille, de Bordeaux au
Hâvre, sans frais de déplacement et de vérification. Elles ne
sortent de l'entrepôt que pour être conduites à leur destina-
tion définitive.

Avons-nous besoin d'insister sur ces avantages ?

---

[59] Il est classique, dit A. Sauzeau qui le cite, et de nature à convaincre tous les
hommes qui font des opérations commerciales.

IV. Les étrangers ne viennent acheter en France que par quantités assez grandes pour permettre de réaliser des bénéfices en rapport avec la perte de temps et les frais qui résultent pour eux du voyage. Ce qui les éloigne, c'est qu'ils sont obligés de frapper à vingt portes, de visiter vingt fabriques ou magasins pour trouver ce qu'ils désirent. C'est qu'enfin, après avoir acheté des marchandises, ils ne savent où les déposer et se voient forcés de les transporter au nord pour les ramener au midi, ou réciproquement. Déposez vos produits à l'entrepôt, ces inconvénients disparaîtront. Vous attirerez les étrangers qui connaîtront bientôt le chemin d'Arras pour ne plus l'oublier, car ils seront toujours certains de trouver dans ses entrepôts, dans ses magasins généraux les masses qu'ils demandent, et vous vendrez avantageusement vos huiles, vos lins, vos sucres et vos laines.

Pour les Consommateurs. — Les magasins généraux ne reçoivent et ne peuvent recevoir que des marchandises de qualité loyale et marchande : des hommes spéciaux, des dégustateurs et des appréciateurs jurés prélèvent des échantillons lors de l'entrée des marchandises dans le dock. On est ainsi certain de la qualité et de l'identité des marchandises qu'on achète. D'un autre côté, il est reconnu que plus un négociant diminue ses frais et multiplie ses ventes, plus il réalise de bénéfices et vend à prix modéré. Sont-ce là des avantages à dédaigner, et le bien-être général qui doit en résulter, ne suffirait-il pas pour nous déterminer à créer des entrepôts?

Pour les Cultivateurs. — Aujourd'hui, grâce aux machines à battre, les cultivateurs peuvent disposer de leurs blés plus tôt qu'ils ne le pouvaient il y a quelques années. — En huit ou quinze jours, le grain est battu et prêt à être vendu. — Dès le mois de novembre, le disponible est considérable. — Dès le mois de novembre aussi, le cultivateur doit payer ses frais de récolte, ses fermages et se procurer des engrais. Les spéculateurs savent tout cela, et ils en profitent au grand détriment des producteurs.

Ce n'est pas tout, le cultivateur, qu'il pleuve, qu'il neige, est obligé de venir au marché à jour fixe, d'abandonner ses travaux, au moment même où, peut-être, sa présence est indispensable.

Le marché est encombré, on va fermer, il n'a pas vendu. Le malheureux n'a que le choix entre ces deux extrémités, vendre au-dessous du cours ou remmener grains. Les emmagasiner, chercher pour eux un abri, il n'y faut pas songer; il n'y a pas d'entrepôt, et les magasins particuliers sont occupés [60].

Avec un magasin général tous ces inconvénients disparaissent. Le cultivateur n'a plus besoin de se préoccuper de la conservation et de la garde de ses produits. Il les amène à sa guise, quand il peut; il en fait argent quand il veut, en les vendant ou en les warrantant. — Il n'a plus à craindre de subir la loi des speculateurs, ou de payer de gros intérêts, les banquiers vont au-devant de ses désirs et lui avancent la somme dont il a besoin à des conditions qui n'ont rien d'onéreux,

Par ce moyen, il n'a plus qu'à attendre la hausse. — Et il peut emmagasiner non-seulement ses blés, mais ses colzas, ses œillettes, ses laines, ses lins, ses graines de trèfle, de luzerne, en un mot, tous ses produits.

Les cultivateurs, pas plus que les fabricants et les commerçants, ne manquent d'intelligence. Ils comprendront et ils se joindront à nous pour réclamer l'entrepôt.

---

[60] Tous les éleveurs savent ce qui se passe à Poissy. Malheur à celui qui n'a pas vendu lorsque le soir arrive. Il faut qu'il passe par le vampire ou la fourrière!

AVANTAGES DES VENTES PUBLIQUES.

Ici, laissons parler l'exposé des motifs de la loi du 28 mai 1858 et le rapport de la commission du Corps législatif :

« Les ventes publiques en gros portent sur des masses de
« marchandises de toute espèce si considérables , et elles se
« renouvellent si fréquemment, qu'elles ont fait de l'Angle-
« terre le marché du monde. Elles permettent à ceux qui im-
« portent ou qui produisent des marchandises quelconques de
« les écouler à jour fixe, et dans les conditions les plus favo-
« rables , puisque le grand concours d'acheteurs qu'elles
« attirent rend la vente certaine, et porte la valeur des objets
« vendus au plus haut cours qu'elle puisse atteindre. Cette
« institution a donc sur la propriété commerciale de l'Angle-
« terre une action considérable. Elle doit, en France comme
« en Angleterre, ouvrir à la marchandise un marché perma-
« nent, où le concours des acheteurs rend la réalisation cer-
« taine et soutient le cours.
« Ce mode de vente, employé en Angleterre sur une très-
« grande échelle, quoique restreint de fait à certaines na-
« tures de marchandises , parmi lesquelles les produits exo-
« tiques et les matières premières tiennent la première place,
« *est extrémement profitable aux vendeurs, aux acheteurs et au*
« *public.* — Aux vendeurs, parce qu'ils peuvent mettre leurs
« marchandises en face d'un grand nombre d'acheteurs, et
« qu'ils vendent dès-lors dans les conditions les plus favo-
« rables. — Aux acheteurs, parce que, pouvant obtenir direc-
« tement de celui qui les produit ou les importe, les objets
« de vente au détail ou les matières premières de fabrication

4

« dont ils ont besoin, ils les reçoivent dégagés de la plus
« grande partie de ces frais d'intermédiaires, commission-
« naires, marchands en gros et en demi-gros, qui grèvent si
« notablement la marchandise. — *Au public*, enfin, parce
« qu'il paie nécessairement à meilleur compte les objets qu'il
« consomme, lorsque le marchand au détail auquel il les
« achète a pu se les procurer de première main.

« Parmi les grands services que les ventes publiques ren-
« dent à l'Angleterre, il ne faut pas omettre l'immense mou-
« vement d'affaires qu'amène l'affluence des étrangers attirés
« par ces sortes de ventes, l'augmentation incessante des re-
« venus de la douane et l'aliment considérable fourni à la
« marine.

« Les ventes publiques en gros comprennent des quantités
« de marchandises considérables, et ont créé en Angleterre, en
« Hollande, à Hambourg, ces marchés dominants qui attirent
« les grands achats, règlent les cours et impriment, pour
« ainsi dire, aux autres places le mouvement de leurs affaires.

« Elles offrent au négociant le moyen de réaliser ses mar-
« chandises à des prix relativement favorables, parce que la
« publicité même de la vente attire de nombreux acheteurs ;
« et, d'un autre côté, *le consommateur paie moins cher des mar-*
« *chandises déchargées en partie des frais dont les grèvent natu-*
« *rellement les intermédiaires.*

« Ainsi, ce mode de vente est profitable au public : il tend,
« par la réduction du prix, à accroître la consommation, à la
« maintenir au niveau de la production, et même à prévenir
« un encombrement de produits qui, trop souvent, ne peuvent
« plus s'écouler que par des ventes forcées et des liquidations
« ruineuses.

« A un point de vue plus général encore, les ventes pu-
« bliques *attirent, dans le pays où elles sont nationalisées, une af-*
« *fluence considérable d'étrangers*, un mouvement d'affaires

« proportionné, des transports pour la marine marchande, et
« des revenus pour les douanes. -

- « Pourquoi la France, si bien assise sur les deux mers les
« plus importantes de l'Europe et dont les marchés sont au-
« jourd'hui reliés à tout le continent par des chemins de fer,
« resterait-elle déshéritée de cet élément commercial qui con-
« tribue à la fortune de pays rivaux [61] ? »

Ce n'est pas nous qui venons de parler, c'est un document
officiel. Pourquoi hésiterait-on encore à construire des docks
et à adopter résolument le mode des ventes publiques ? — Ce
serait un moyen de nous enrichir, de supplanter l'Angleterre,
ou tout au moins de rivaliser avec elle. — Notre pays, par
ses canaux et ses chemins de fer, est au cœur même de l'Europe. — Pourquoi n'attirerait-on pas, en construisant des
entrepôts, les marchandises qui passent devant nos côtes,
qui traversent notre pays, pour aller remplir les entrepôts
d'Angleterre, d'où elles reviennent grevées de frais de
réembarquement, de transport, etc., etc., après avoir fait un
voyage inutile et laissé à nos voisins des bénéfices qui feraient
la fortune de la France.

Construisons donc des entrepôts !

[61] Le commerce de détail n'a rien a craindre des ventes publiques, car la loi
qui les règlemente prend la précaution de fixer, en général, le minimum des lots
à 500 fr. — On ne peut donc jamais avoir affaire aux mêmes acheteurs.

L'ENTREPOT EST-IL *COMMANDÉ* PAR LES BESOINS DU COMMERCE.

Arras n'a réellement pas de bonheur !

A celui qui dit qu'Arras se meurt, que son commerce a besoin d'être encouragé, soutenu, qu'il est grand temps d'y rappeler ou d'y maintenir l'industrie ; on répond fièrement que jamais le commerce n'y a été plus florissant ; que, sauf quelques industries qui ont disparu, tout est pour le mieux.

A ceux qui demandent l'établissement d'un entrepôt municipal, on ne manque pas de répondre qu'il est condamné d'avance, que personne n'y entreposera, par la meilleure de toutes les raisons, c'est qu'il n'y a à Arras qu'un commerce de détail et un marché qui ne comportent pas d'entrepôt.

Il n'est pas difficile de faire justice de ces réponses. Laissons parler les faits :

Le thermomètre du commerce, c'est la Banque de France. Personne n'ignore que notre succursale fait plus d'affaires que celle d'Amiens, par exemple ; n'est-ce pas concluant ? Quand il s'est agi de la fonder, que ne disait-on pas ? Elle ne vivra pas, elle ne couvrira pas ses frais ; il n'y a plus à Arras, ni commerce, ni industrie, objectaient notamment les administrateurs de la Banque. On leur a prouvé, chiffres en mains, que les transactions s'élevaient annuellement à la somme de 100 *millions de francs* sur la place d'Arras, et aujourd'hui notre succursale figure parmi les plus florissantes.

Les affaires ont-elles diminué depuis 1855 [62] ? La fabrication et le commerce des huiles ont plus que triplé. On n'en

---

[61] C'est de 1855 que date la création de la succursale d'Arras.

fabrique pas moins de 200,000 tonnes par an, d'une valeur moyenne de 20 millions de francs.

Le commerce des tourteaux suit la même progression, on en vend annuellement 24,000,000 de kilos, soit pour 4 millions de francs, chiffres ronds.

Il y a actuellement 74 fabriques de sucre en activité dans le département. La plus grande partie de ces fabriques se trouve dans les arrondissements d'Arras et de Béthune. Leur production a atteint, en 1866, 47,849,055 kilogrammes.

Le marché d'Arras est toujours le mieux organisé et peut-être le plus fréquenté de France. En 1864, les ventes se sont élevées à 1,250,094 hectolitres qui ont produit plus de 21,000,000 de francs.

Ces ventes se décomposent de la manière suivante :

Blé	357,956 hect.
Seigle	25,739
Scourgeon.	252,732
Avoine.	147,540
Graines grasses de toute espèce . .	446,642
Grains ronds et pommes de terre. .	19,485
Total. . . .	1,250,094 hect. [53]

Mais ce qui prouve mieux que tout le reste l'importance de la place d'Arras et l'activité de son commerce, c'est le mouvement de la gare du chemin de fer. En 1865 les arrivages se sont élevés à 110,044 quintaux et les expéditions à 57,108 quintaux. Les arrivages comprennent notamment des houilles, des graines, des vins, des alcools. des denrées coloniales et des matériaux de construction. Les expéditions s'appliquent

---

[53] En 1841, les ventes ne s'élevaient qu'à environ 14,000,000 de francs.

principalement aux blés, aux farines, aux tourteaux, aux huiles, aux alcools, à la bonneterie, aux fers et aux sucres [64].

Dans la même année 1865, le mouvement de la circulation sur le chemin de fer se traduit par des chiffres qui n'ont pas besoin de commentaires :

> D'Arras à Vitry. . . 654,000 tonnes.
> D'Arras à Lens. . . 415,000 —
> De Boisleux à Arras . 928,000 —
> D'Achiet à Boisleux . 92,700 —

La gare d'Arras a produit, toujours en 1865, 1,128,519 f. 02 c., soit 743,790 fr. 58 c. pour les marchandises à grande et à petite vitesse, et 384,728 fr. 44 c. pour les voyageurs.

Pour compléter le mouvement des marchandises à Arras, il faudrait ajouter le poids des marchandises qui arrivent par le canal et par la voie de terre, telles que grains, sucres, farines, lins, laines, alcools, etc. Ce mouvement est, comme chacun le sait, bien plus considérable que celui par chemin de fer.

Tel qu'il est aujourd'hui le mouvement commercial d'Arras ne s'arrêtera pas là. Il tend à s'accroître rapidement ; le tout est de lui donner une vigoureuse impulsion.

La ville d'Arras, en effet, est desservie par un canal et par deux chemins de fer qui la mettent en communication rapide avec tous les centres producteurs des environs, et avec deux ports de mer, Calais et Dunkerque [65]. En quittant ces deux ports de mer, la ville la plus importante qu'on rencontre

---

[64] A Amiens, les expéditions et les arrivages se sont élevés ensemble à.. 210,406 tonnes.
A Arras nous trouvons.................................. 167,949 tonnes.

La différence n'est donc que de........................ 52,457 tonnes.
Arras saura bientôt la faire disparaître.
[65] On pourrait dire avec *trois*, la ligne de Boulogne à Calais est ouverte.

tout d'abord, c'est Arras. C'est là qu'on s'arrêtera si nous ne nous laissons pas distancer par Béthune, et si nous ne consentons pas à devenir, je ne dirai pas son faubourg, mais son Versailles;

La position d'Arras, qui, par Calais, communique en si peu de temps avec l'Angleterre, est donc vraiment exceptionnelle. — Il faut savoir en profiter. — Et ajoutons-le, notre ville possède en elle-même des ressources assez considérables, son génie commercial est assez puissant pour qu'elle puisse aspirer à jouer encore un rôle brillant et à recouvrer cette suprématie qui l'a rendue jadis si célèbre.

Que faut-il pour arriver à ce résultat ? Tirer parti de sa position topographique, utiliser ses ressources, appliquer toute sa force, tous ses moyens d'actions et les porter à leur extrême puissance en *créant un entrepôt municipal.*

L'ENTREPOT D'ARRAS POURRA-T-IL VIVRE ?

Le succès d'un magasin général et sa prospérité dépendent de la situation topographique de la ville qui le réclame, du mouvement, de l'importance et du genre de ses affaires, de l'impulsion que le magasin général doit donner au commerce et à l'industrie, de la nature et de la multiplicité des produits agricoles on industriels du pays, et enfin de la sécurité et des garanties qu'il offre aux dépositaires[66].

Les dépenses d'un entrepôt s'élèvent en moyenne à 350,000 fr., en prenant pour points de comparaison les entrepôts de Valenciennes, de Douai et d'Amiens. A Arras, nous pensons qu'il exigerait une dépense de 440,000 fr.

[66] Alix Sauzeau, Damaschino, Block, et surtout l'Exposé des motifs de la loi de 1858.

La superficie couverte et *utilisable* est en moyenne, pour le prix que nous venons d'indiquer, de 8,000 mètres.

La pratique prouve qu'il faut un mètre carré par tonne, c'est donc 8,000 tonnes que contient, en moyenne, un entrepôt.

En ne portant le stock moyen qu'à la moitié, soit à 4,000 tonnes, et en calculant sur un séjour de trois mois par tonne, nous arrivons à un mouvement annuel de 16,000 tonnes.

Or, le produit *net* est, en moyenne, dans tous les entrepôts convenablement tarifés et gérés, de 3 fr. par tonne de mouvement des marchandises : le produit sera donc de 48,000 fr.; ce qui représente, pour une dépense de 430,000 fr. un revenu de plus de 11 pour cent.

Nous n'avons raisonné que sur un mouvement moyen de 16,000 tonnes; mais, ne l'oublions pas, Arras est un grand centre de productions spéciales : les sucres, à eux seuls, fourniront davantage [67]. Et les grains ! ne savons-nous pas que les magasins particuliers de la ville en renferment environ 300,000 hectolitres, et qu'ils sont insuffisants [68].

L'entrepôt d'Arras pourra donc vivre.

Allons plus loin et disons de suite que si l'entrepôt est créé par la ville, s'il est, en un mot, municipal, sa prospérité est assurée.

Ce qui cause l'insuccès des entrepôts, c'est le peu de garantie qu'offrent les exploitants. Les négociants, les fabricants ne sont pas assez imprudents pour confier des millions de marchandises à des individus, solvables d'ailleurs, mais que des événements, des imprudences, peuvent compromettre

[67] Le *Moniteur* du 24 août 1866 ne nous a-t-il pas appris qu'en 1865-1866 le Pas-de-Calais a fabriqué 47 millions de kil. de sucre et qu'il en a envoyé aux entrepôts, en dehors du département, plus de 28 millions de kil.?

[68] L'entrepôt ne peut nuire en aucune façon à ces magasins qui font et qui continueront de faire la fortune de leurs possesseurs.

et ruiner. Souvenons-nous de ce qui se passe en Angleterre !
Où trouver d'ailleurs, en France, des millionnaires qui vou-
draient se charger de l'exploitation d'un entrepôt ?

Une ville offre toute sécurité et inspire immédiatement la
confiance. Les fabricants, les négociants étrangers arrivent
tout naturellement sans réclames, sans excitations ; les banquiers, les acheteurs, qui sont certains que la marchandise
warrantée ou vendue, est bien gardée, bien soignée, qu'elle
ne sera ni altérée, ni sophistiquée, ni changée, traitent les
affaires largement, sans crainte, et à des conditions avanta-
geuses. Établissons donc un entrepôt municipal. Les marchandises y afflueront, et comme la ville de Douai, nous nous
verrons bien vite dans la nécessité de doubler nos magasins.

EMPLACEMENT DE L'ENTREPOT MUNICIPAL.

C'est pour nous la question capitale. Il est évident que plus
on éloignera l'entrepôt de la ville, moins nous en profiterons.
Il est non moins évident que si on pouvait l'établir au cœur
même de la ville, au centre des affaires, on réaliserait tous
les désirs, toutes les espérances des habitants. — Mais là est
la difficulté. — Il n'y a pas seulement a chercher un emplacement convenable, il faut encore compter avec le génie militaire. Nous croyons avoir trouvé une combinaison qui
pourra donner satisfaction à tous les intérêts. Qu'on nous
permette de l'exposer. Si l'idée n'est pas complétement ap-
plicable, l'essentiel est qu'on la connaisse. On en prendra
ensuite ce qu'on voudra ou ce qu'on pourra.

La ville d'Arras est propriétaire de l'ancienne prison dite des

Dominicains et d'un terrain connu sous le nom de terrain des Carmes. (Voir le plan n° 1.) [69] — La contenance des Dominicains est de 21 ares 50 centiares, celles des Carmes de 40 ares 20 centiares. Ces deux immeubles touchent à la Grande-Place, il ne serait pas difficile de les agrandir suivant les besoins. Aux Carmes, on ferait le magasin des grains ; aux Dominicains, l'entrepôt réel et les magasins généraux.

Les Carmes et les Dominicains seraient mis en communication directe avec la gare du Nord, par un chemin de fer américain qui, partant de cette gare, emprunterait le terrain militaire, entrerait en ville par la fausse porte Saint-Nicolas, suivrait la rue du Saumon, traverserait les Dominicains, puis, après y avoir déposé les marchandises destinées à être entreposées, se rendrait aux Carmes en passant sur la Grande-Place.

La distance à parcourir ne serait que de 562 mètres.

Il n'y a pas de terrassements à faire, mais seulement des nivellements de très-peu d'importance. La pente naturelle du terrain est dans les conditions les plus favorables. A la gare, le niveau est de 39 mètres ; en suivant la ligne nous trouvons successivement 38, 36, 37 mètres (aux Dominicains et à l'arrivée sur la Grande-Place), 36, et enfin 35 mètres aux Carmes : c'est pour tout le parcours une différence de 3 mètres seulement.

L'établissement de la voie n'exigerait aucune expropriation, aucune acquisition de terrain. Le génie militaire ne ferait nulle difficulté, l'établissement de la voie ne pouvant en aucun cas nuire à la défense de la place.

Un pont serait nécessaire pour traverser le fossé du corps de place [70]. Sa longueur, si nous sommes exactement renseigné, devrait être de 32 mètres. Or, un pont tubulaire en

---

[69] Ce plan a été dressé par M. Poupelle, arpenteur-géomètre à Arras.
[70] Le premier fossé serait facilement traversé sans pont.

fer d'une seule portée, ou un pont treillis en fer à une seule voie (voir la planche n. 2), établi de façon à livrer passage à des wagons traînés par des chevaux, ne coûterait pas plus de 600 fr. le mètre courant, soit 19,200 fr., d'après les calculs fournis par M. Raffeneau de Lile ; en bois, il ne coûterait pas plus de 550 francs, soit 17,600 francs.

La voie ferrée pourrait au besoin entrer ou sortir par la fausse porte Saint-Michel. Cette voie aurait 700 mètres de parcours.

On sait qu'un chemin de fer peut traverser une ville sans grand inconvénient. A Nantes, il passe sur le quai même de la Loire. Personne ne s'en plaint, et pourtant le mouvement est considérable, et le fleuve se trouve séparé de la ville.

Aux Carmes, avons-nous dit, on entreposerait les grains. En adoptant les greniers tubulaires verticaux inventés par M. Emile Pavy [71] (voir planche n° 2), on arriverait à loger 92,000 hectolitres de grains de toute espèce, blé, colza, œillettes, etc.

Ce système qu'on ne saurait trop recommander à l'attention des cultivateurs, a pour avantages :

1° De recevoir mécaniquement le blé ;

2° D'emmagasiner une quantité plus que décuple, relativement à l'espace qu'il occupe, de celui que contiendrait un grenier ordinaire ;

3° De coûter trois ou quatre fois moins cher ;

4° De pouvoir être construit en deux mois, dans toute la France, par des ouvriers de village ;

5° De préserver le blé de la souris par une clôture impénétrable et du charançon par une aération permanente combinée avec une ventilation périodique et complète qui s'opère sans

---

[71] Le grenier de M. Pavy a été reproduit par M. J. Grigny, d'après une gravure que nous avons trouvée dans le *Journal d'agriculture pratique* de M. J.-A. Barral.

pelletage et sans frais de main-d'œuvre pour ceux qui utilisent l'excédant de force d'un manége ou d'une locomobile, et qui se fait également à bras d'homme, à moins d'un centime par hectolitre ou huit centimes au plus par an. Cette ventilation économique rend facile et sûre la conservation du blé.

Un grenier tubulaire de ce système, d'une capacité de 1,000 hectolitres, coûte 2,000 fr. Ces greniers peuvent être divisés par compartiments ayant chacun un robinet spécial et contenant 50 et 100 hectolitres.

Dans les docks, le prix d'emmagasinage pour les grains est, en moyenne, de 10 centimes par hectolitre et par mois. — Veut-on savoir combien rapporterait à la ville l'entrepôt des Carmes ?

92,000 hectolitres exigeraient une dépense de 200,000 fr., chiffré rond.

Or, 92,000 hectolitres logés à raison de 10 centimes par hectolitre et par mois, produiraient, par an, *un bénéfice de* 110,400 fr. qui, par parenthèse, permettrait de dégrever les droits d'octroi [72].

Les 2,150 mètres des Dominicains parfaitement aménagés pourraient, pour commencer, contenir à la fois l'entrepôt réel, le magasin général pour les marchandises autre que le blé, et les salles de ventes publiques.

Si ce projet, que nous soutiendrons de toutes nos forces parce que nous sommes convaincu qu'il serait le plus favorable aux intérêts de la ville, est repoussé, nous proposerons d'établir l'entrepôt entre la gare et la porte des Soupirs, à

---

[72] Un ingénieur expérimenté, qui a été longtemps attaché au canal de Suez, et qui a pu étudier les silos arabes, M. Sautereau, nous a fourni tout un système d'emsilotement en briques citernées qui offre plusieurs avantages sur l'autre : la durée notamment (voir la planche n°9). L'établissement de ces silos permettrait d'emmagasiner aux Carmes 125,000 hectolitres, mais coûterait 300,000 fr. en chiffres ronds. Le système d'aération, de ventilation serait le même que pour les greniers Pavy.

gauche, en partant du chemin de fer (voir, sur le plan n° 1, la partie teintée en jaune), sur un terrain qui sera ultérieurement désigné et qui devra avoir une contenance de 1 hectare 20 centiares. Le génie militaire accorderait facilement, à cet endroit, un polygone exceptionnel. A défaut des Carmes et des Dominicains, ce serait l'emplacement le plus convenable à tous égards. En dehors de la ville, on n'en saurait trouver de plus rapproché à la fois de la gare et du centre des affaires. Il est inutile de faire ressortir les avantages qu'il offrirait sur l'emplacement choisi, à défaut d'autre, par l'ancien Conseil municipal [73].

Il n'est donc pas impossible de trouver un emplacement convenable pour établir l'entrepôt.

DÉPENSES.

Les chiffres que nous allons poser nous ont été fournis par M. Raffeneau de Lile, M. Alex. Grigny, architecte, M. Gruau, ingénieur principal de la maison Gouin, constructeur du pont Pizzighettone, et M. G. Sautereau, ancien ingénieur du canal de Suez. Les évaluations sont donc aussi sérieuses que possible, et d'ailleurs, comme on le verra, nous avons fait, à l'imprévu, une part énorme, qui ne sera, dans aucun cas, dépassée.

1° *Acquisitions des terrains*. — Les Carmes appartiennent à la ville. . . . . . . *néant.*

Les Dominicains ont été acquis il y a deux mois. — Qu'il y ait ou non un entrepôt,

---

[73] Cet emplacement beaucoup plus éloigné de la ville, est situé, en grande partie du moins, sur le territoire d'Achicourt, et au-delà du passage à niveau de la route de Bucquoy.

ce terrain devra être payé par la ville. —
Quoiqu'il en soit, nous devons en faire
figurer le prix dans la dépense, ci . .   45,000

2° *Voies ferrées.* — *Terrains.* — Ils seront en
entier empruntés au génie militaire. .   *néant.*

Établissement de la voie, 562 m. à 45 fr. .   25,290

Pont tubulaire suivant projet (planche n° 2),
32 m. à 600 f.   19,200

Matériel, accessoires, dépenses imprévues.   30,000

3° *Établissement des greniers aux Carmes* [74].   200,000

4° *Aménagement des Dominicains, construction
de voûtes, etc., etc.*   45,000

5° *Outillages, dépenses imprévues, frais généraux, etc.*   70,000

                    Total. . . . . .   434,490 f

soit en chiffres ronds 440,000 fr.

La ville est-elle assez riche pour faire face à cette dé
pense? Pour répondre à cette question, il suffit de regarder
l'hôtel-de-ville.

Ajoutons que ses recettes s'élèvent, en
moyenne, à. . . . .   600,000 fr.

Ses dépenses à   450,000

En 1864, l'excédant de recettes s'est élevé à 187,529 f
53 cent. Le budget primitif de l'exercice 1866 se solde,
est vrai, par un déficit de 79,220 fr. 72 cent. Mais ce résulta
est tout à fait accidentel et dû exclusivement aux travaux d
l'hôtel-de-ville.

La ville d'Arras est donc riche, et si ses revenus ne lui pe
mettent pas de solder actuellement les travaux de l'entrepô

---

[74] 2,000 fr. × 92,000 hectol., = 184,000 fr. Il y a donc 16,000 po
l'imprévu.

elle est au moins dans une situation qui lui permet de contracter un emprunt dans de bonnes conditions.

Pourquoi ne contracterait-elle pas un emprunt de 440,000 fr. remboursable par annuités à l'aide d'obligations, d'après le système de la ville de Paris?

Les remboursements seraient rendus faciles par les bénéfices réalisés à l'entrepôt. La ville de Douai n'a-t-elle pas couvert toutes les dépenses de ses magasins généraux et de son entrepôt EN QUATRE ANNÉES.

RÉSUMÉ.

1° Nous proposons d'établir à Arras, aux frais de la ville, des magasins généraux soumis *au régime de l'entrepôt réel* et de l'entrepôt fictif, avec salles de ventes publiques de marchandises en gros ;

2° De construire l'entrepôt au centre même des affaires, au cœur de la ville, — aux Carmes et aux Dominicains ;

3° De relier l'entrepôt à la gare du Nord, par un chemin de fer américain :

4° De contracter un emprunt de 440,000 fr. pour couvrir les dépenses de l'entrepôt;

5° De faire administrer l'entrepôt par la ville, jusqu'à l'entier remboursement de cet emprunt. D'en céder ensuite l'exploitation à une société offrant toutes garanties.

AVANTAGES DE CES PROPOSITIONS

I. *Pour la ville et l'arrondissement.*

La ville d'Arras profitera directement et exclusivement des bénéfices de l'entrepôt.

L'entrepôt imprimera à son commerce, à son industrie, à son marché, un mouvement considérable. — Tous les habitants, propriétaires, négociants, fabricants, ouvriers, s'en ressentiront, et tous les intérêts se trouveront ainsi conciliés.

Grâce à l'entrepôt, l'arrondissement d'Arras atteindra le haut point de prospérité où l'appellent son sol, sa position, ses produits, et le génie de ses habitants.

II. *Pour les commerçants, les cultivateurs, les fabricants, le consommateur et l'ouvrier.*

1° Nos magasins généraux étant soumis au régime de l'entrepôt réel et de l'entrepôt fictif, pourront, non-seulement recevoir les produits nationaux ou nationalisés francs de droits, mais encore admettre en franchise tous les produits étrangers soumis à des droits de douanes, et tous les produits nationaux ou non soumis à des droits d'octroi ou de consommation intérieure.

2° Les marchandises seront affranchies d'une notable partie de frais de garde et manutention qu'elles entraînent. — Les frais généraux du commerçant et du producteur seront par là diminués notablement : les magasins généraux les dispenseront de *louer, d'acquérir, ou de construire* des magasins particuliers et de *payer un personnel spécial pour les manutentions.*

3° Elles seront constituées dans un état d'honnêteté et de loyauté qui les mettra à l'abri du soupçon d'altération et de mauvaise qualité.

4° L'entrepôt surexcitera les achats et les ventes : le commerçant, vendant plus, vendra à meilleur marché en gagnant tout autant ;

Il donnera aux marchandises la plus grande facilité de circulation sans qu'il soit besoin de les déplacer ;

Il augmentera le crédit des négociants sans nuire à leur considération;

Il permettra aux marchandises entreposées de travailler comme capital, de passer de main en main comme de la monnaie, et aux commerçants de quadrupler leurs opérations;

Il procurera aux consommateurs des marchandises à bon marché, en même temps que de qualité irréprochable.

CONCLUSION.

Faisons tous un grand et puissant effort! Établissons un entrepôt municipal à Arras!

Arras — Typ. Rousseau-Leroy.

Silos pour entrepôts de Blé

Echelle de 0. 01 pour M.²

Capacité de chaque Silos environ 500 hectolitres

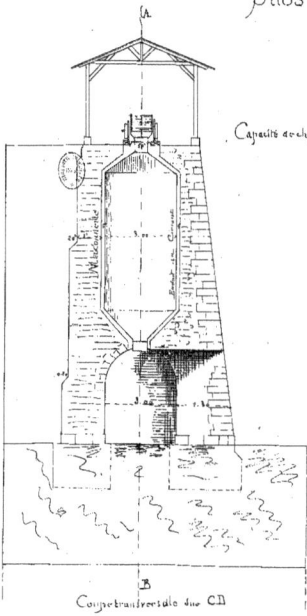

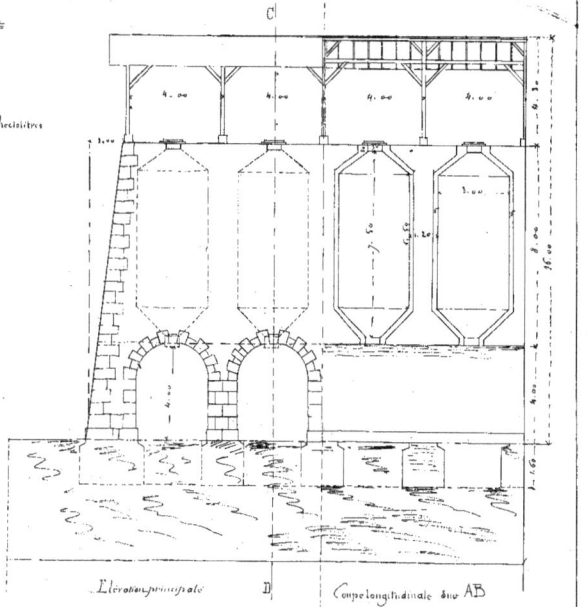

Coupe transversale suc CB   Élévation principale   Coupe longitudinale suc AB

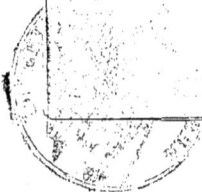

PONT

Coupe transversale

Élévation latérale

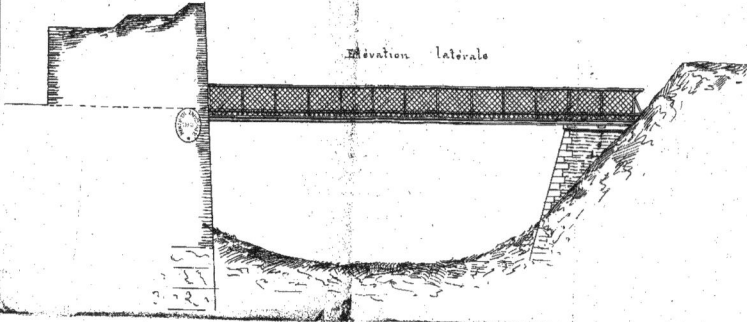

Échelle

LÉGENDE

Grenier conservateur.

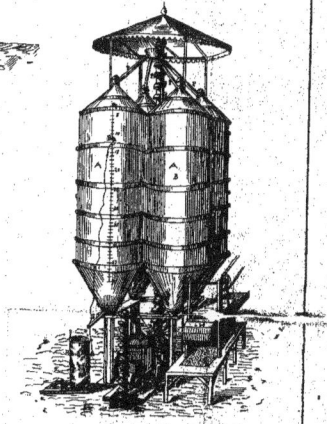

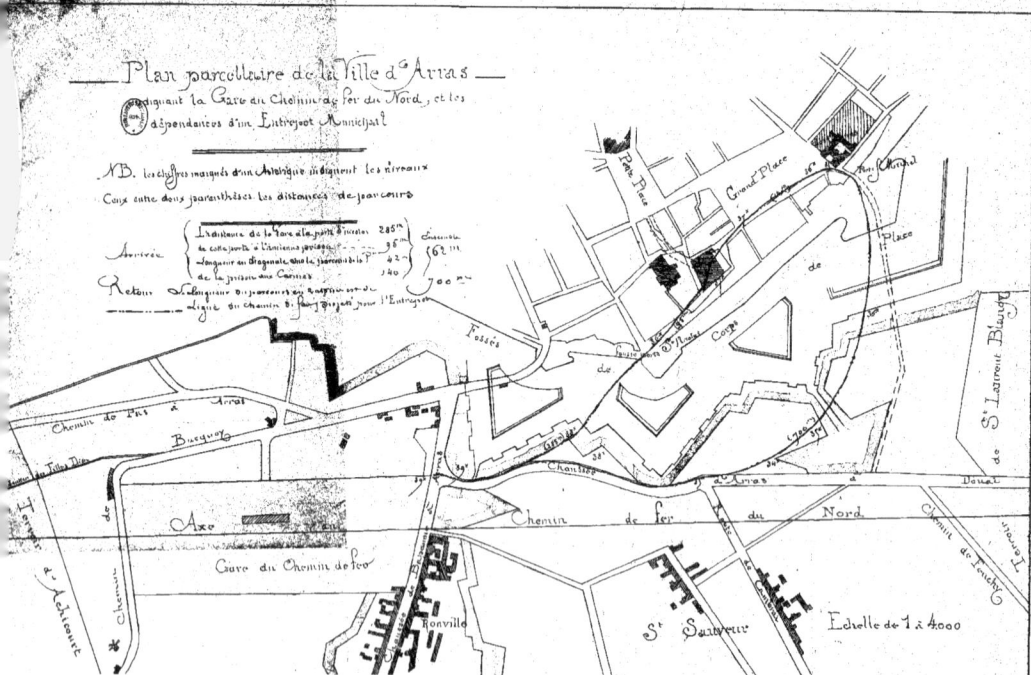

Plan parcellaire de la Ville d'Arras

indiquant la Gare du Chemin de fer du Nord, et les dépendances d'un Entrepôt Municipal

N.B. les chiffres marqués d'un Astérisque indiquent les niveaux
ceux entre deux parenthèses les distances de parcours

Echelle de 1 à 4000

www.ingramcontent.com/pod-product-compliance
Lightning Source LLC
Chambersburg PA
CBHW071236200326
41521CB00009B/1506